KB261278

마흔에 멈춰 서서 다시 생각해야 할 것

심플하게 준비하는 마흔

마흔에 멈춰 서서
다시 생각해야 할 것

김봉중 지음

무한

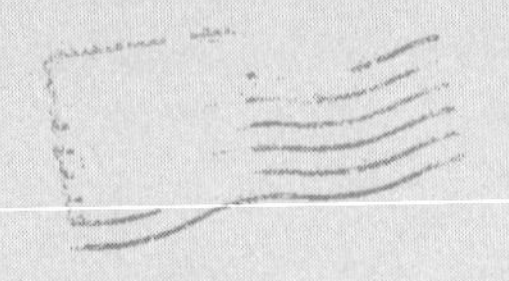

프롤로그

　우리나라가 세계 10위권의 경제 대국이 되었는데도 불구하고, 대중의 삶은 고달프고 청장년의 일자리는 점점 더 사라지고 있다. 우리는 지금 생존경쟁이 아닌 생존전쟁의 시대에 살고 있다. 우리 나라가 개발도상국에서 OECD 가입국가로 진입할 때까지는 성장 일변도의 경제 시스템을 가동해 누구나 어디에서나 웬만하면 일자리를 얻을 수 있었고 부를 축적해가는 행복을 맛볼 수 있었다. 이제는 다르다. 국가는 경제성장을 하고 있지만 부의 편재는 더욱 심해지고 있으며, 대부분의 국민은 일자리 불안과 마이너스 가계생활로 고단한 삶을 영위하고 있다.

　이제 직장인의 삶은 현역군인에 비교할 만큼 팍팍해졌다. 그들은 튼튼한 몸과 정신력으로 적과의 생존전투에서 승리하여야 한다. 전쟁에서 패하거나 전쟁터가 축소되면 전역하여 베테랑이 되어야 한다.

　베테랑은 한때 전사였다. 그러나 이제는 화려했던 전투 경험을 추억으로 간직하고 후방 담당 예비군이 되어 있다. 실제 직장인도 마찬가지다. 현역일 때는 전쟁터에 있는 군인이다. 메이저리그의 주전선수이다. 그러나 무슨 이유에서 물러나든 현역을 물러나면 시니어가 된다. 시니어는 은퇴 선수, 은퇴 직장인이다.

최근 발표된 한 과학잡지의 기사에 의하면 인간의 두뇌가 가장 지혜로운 판단을 내릴 수 있는 나이는 대략 45세 전후라고 한다. 주식투자의 펀드매니저, 기업전략 수행가, 모바일 기기의 신규개발 책임자들의 최고위직 연령이 45세 전후여야 그 회사는 새로운 전략 결정에서 경쟁기관이나 기업과 경쟁할 수 있다고 한다. 전 세계적인 기술혁명과 생산성 향상으로 일자리는 줄어들고 건강 수명은 길어지고 있다. 그런데 최고 사령관(의사 결정자)의 연령까지 45세 전후가 되어야 한다니 4050이 설 자리는 점점 더 좁아지고 있는 현실이다. 우리나라에서 이미 고전적인 단어가 된 '사오정'과 우습게도 맞아떨어지고 있다.

오늘 베테랑과 현역군인 간에 경제 전쟁이 발발했다고 가정해보자. 베테랑은 과거의 화려했던 무용담에도 불구하고 현역군인을 이겨낼 무기가 거의 없다. 체력, 판단력, 신병기 사용법도 열세다. 베테랑에게 전쟁은 처음부터 무리수다. 전우애로 맺어진 후배 현역의 아량이 있을 뿐이다. 여기서 베테랑이 살아남는 방법은 싸우지 않고 후배의 협력을 얻어내는 것이다.

2003년 3월의 일이다. 당시 몸담고 있던 회사의 대주주가 바뀌었다. 노동조합에서는 회사의 개혁이 부진하다는 이유를 들어 성명서를 돌렸다. '개혁을 못할 바엔 남은 구 주주 산하에 있던 임원들이 책임을 지고 물러가라'는 내용이었다.

경과야 어떻든, 나는 성명서가 회람된 지 3일 만에 미래에 대한 아무런 준비도 하지 못한 채 26년간 다녔던 회사를 나와야만 했다. 구 주주 산하의 임원 중 왕고참이었던 나는 갑론을박에 휘말리고 싶지 않았다. 그때 내 나이 52세였다. 전업주부인 아내와 대학 2년

생 딸, 그리고 대학입시를 앞둔 고3 아들은 졸지에 실업자의 가족이 되었다.

신입사원 공채로 입사한 회사에서 최연소 승진을 거듭했고, 회사의 주인이 세 번이나 바뀔 동안에도 7년 반 동안 임원직을 맡았을 정도로 나름 실력을 인정받던 직장생활이었다. 하지만 나의 몽매한 용감함은 나의 성공담보다 더욱 빛을 발했다. 현역을 떠나게 되는 이유가 무엇이든 '나는 이제 베테랑이 된다'는 사실을 전혀 깨닫지 못했던 것이다.

베테랑의 현실을 제대로 보지 못한 몽매함, 나름 화려했던 과거로 인한 근거 없는 자신감, 베테랑을 위한 2nd Life 안내서 부재로 인해 나는 처절하게 아픈 9년을 보냈다. 퇴임한 지 6개월 만에 멋지게 법인을 설립하여 창업한 사업은 참담한 실패로 다가오고, 이로 인한 재정적인 어려움을 심각하게 겪었다.

얼마 전부터 조금씩 회복기에 들어섰다. 처음 5년간 하던 사업을 완전히 접고, 과거에 직장에서 하던 일을 다시 시작한 덕분이다. 지나고 보니 절실히 깨닫게 된 것은 퇴직 후 갖게 되는 2nd Life는 서두르지 말고, 여유롭게 천천히 시작해야 한다는 사실이다. 주변 여건과 상황을 이유로 다급해하지 말고, 베테랑의 현실을 충분히 인식하고 천천히 결정하고 나아가야 제대로 전진할 수 있다는 사실을 깨달았다. 한마디로 공부부터 시작하는 베테랑이 되어야 하는 것이었다.

몇 년 전부터 조금씩 생활이 안정기에 접어들었다. 그러자 새롭게 2nd Life를 출발하는 후배들에게 '실전 2nd Life 안내서' 한 권을 선물해야겠다는 생각이 자연스럽게 일었다. 이런 책이 없어서 심각하게 생활고에 내몰려야 했던 나 같은 경험을 겪지 않도록 후배들을 위한 일종의 안내서를 내고 싶었다. 창업할 때부터 꾸준히 블로그로 기록해 왔기 때문에 가능한 생각이었다. 따라서 이 책은 나의 9년여의 블로그 활동 기록물이며 결과물이라 할 수 있겠다.

현재는 고용 증대 없는 경제성장이 지속되고 있다. 청년 취업 증대의 일환으로 대기업에서 예년보다 많은 신입사원을 채용하는 것은 반대로 4050 실업자 창출의 압력 요인이 되고 있다. 뿐만 아니라 2010년 말부터는 1955년 이후에 촉발된 베이비 붐 세대의 대량 퇴직까지 겹치면서 그 어느 때보다 2nd Life의 중요성이 부각되고 있다.

옛말에 가난은 나라님(임금)도 구제하지 못한다고 하였다. 마치 오늘날의 일자리 문제 같은 것이다. 새 대통령이 선거공약을 지키려고 아무리 애써도 마음대로 창출되지 않는 게 일자리이다. 기술의 발전으로 인한 생산성 향상과 경영합리화 경쟁은 일자리를 줄이는 요인이기 때문이다. 나 또한 이러한 원천적인 문제에 직접적인 해답을 제시할 수는 없다. 다만 먼저 시도하고 도전하고 실패하고 성공하면서 직접 고뇌한 결과가 새 출발하는 독자에게 진정한 조언이나 사고변환의 힌트가 되기를 희망한다. 이것이 이 책을 쓰는 참

목적이다.

결론부터 말하자면 제1직업은 '빨리빨리'로 승부해야 하는 시기였지만, 제2직업은 느긋하게 결정하고 목표를 낮추어 천천히 나아가야 한다는 것이다. 정신적으로나 육체적으로 상당한 시간과 휴식이 필요한 시기다. 경제적으로 또는 정신적으로 준비되지 않은 부분에 대한 성취 강박감을 버리고, 당장 필요한 각종 소요에 과감히 눈높이를 낮추어야 한다. 그래서 새로운 성취감을 찾기보다는 여가시간을 즐기며 자족하는 자세를 지녀야 한다. 또한 제1기를 위해 초중고, 대학까지 16년을 공부했듯이 제2기를 위한 준비기간으로 최소 2~3년은 잡아야 한다.

필자의 경험과 독자의 삶은 원천적으로 다르다. 그러나 긍정적인 독자라면 내 글의 엉뚱한 곳에서 발상의 전환점을 아니 실마리를 찾아낼 수 있을 것이다. 사실 제일 바라는 것이 이 부분이다. 이 시대의 '끼인' 세대, 사오정들에게 발상의 전환의 조그만 단초라도 제공할 수 있다면 어찌 큰 보람이 아니겠는가?

이 책은 학문적 연구의 결과물이 아니다. 가족과 행복, 체면이 중요한 세대로 살아온 한 인간이 9년 동안 실전에서 고민하고 실패하고 성공하면서 체감한 소회를 한 줄 한 줄 의미와 정보를 담아 전달하고자 노력한 결과물이다. 부족한 부분이 여럿 눈에 띄겠지만, 경험에서 얻은 지혜를 기록으로 남겨보려는 소박한 시도에 질책보다는 격려를 바란다. 나에게도 참된 쉼이 될 수 있도록……

－김봉중

차례

01

정점을
넘기며

마. 음. 가. 짐.

I

'한 해가 끝날 무렵 지난 1년을 돌이켜 볼 때 연초보다 나아진 것이 있다면 그 사람은 행복한 사람이다.'

『전쟁과 평화』라는 대하소설을 남긴 톨스토이의 말이다.

2년 전 송년모임에서 있었던 일이다.

"우리 올해부터는 자신의 한 해를 돌아보는 반성의 시간을 갖자고."

누군가 아주 의미 있는 제안을 했다. 지나온 1년을 돌아본다는 것은 삶을 좀 더 윤택하고 행복하게 만든다.

"나는 올해 펀드를 했는데 별 재미를 못 봤어."

"나는 아이가 대학 들어가는 바람에 아주 힘들었어."

모두들 한마디씩 하며 저마다 자신의 1년을 결산하고 있었다. 대부분의 경우 불만족스럽거나 원하는 대로 이루어지지 않은 삶에 대한 반성과 자책이었다. 그런데 그들 중 특별한 애기를 하지 않는 사람이 있었다. 그만의 독특한 결산법을 쉽게 이해시키기 어렵거니와, 겸손한 생각까지 있기 때문이었다.

대부분의 사람들은 1년을 주기로 결산을 한다. 그 역시 한 해 단위로 결산을 한다. 그런데 그는 다른 사람들에 비해 좀 독특한 방법을 이용한다. 인간이라면 한 해를 한평생처럼 느끼며 살아야 한다는 것이 평소의 그의 지론이다. 그래야만 정말로 생을 마감할 때가 되어 이런저런 아쉬움 없이 담담하게 맞이할 수 있으리라는 생각에서다. 한 해 단위로 결산을 하고 정산을 하다 보니 연말이면 치르게 되는 그만의 의식(儀式)이 하나 있다.

우리나라 절기 중 동지(冬至)는 한 해 중 가장 해가 짧은 날이다. 사실상 동지가 한 해의 죽음이고 그 다음 날이 새로운 한 해의 부활이다. 동지가 되기 전 날 밤이면 그는 동해안 낙산사의 '홍련암'을 찾아간다.

서울을 떠나 홍련암을 찾아갈 때면 그는 늘 숙연해진다. 아마 임종을 앞둔 사람의 마음도 이와 같을 것이다. 그는 남들처럼 한 해를 한 해로 결산하는 것이 아니라 일평생으로 삼고 결산하기 때문이다. 죽으러 가기 때문이다. 낙산사 주차장에 차를 세우고 걸어서 홍련암에 도달하면 바로 그때가 죽음의 시각이 된다. 죽음 앞에서 어느새 무거워지고 뻑뻑해진 그의 헌 삶을 내려놓는 것이다. 내려놓으면 가벼워진다. 실제 물리적인 죽음을 맞이한 뒤에도 그런 마음이길 빌어본다.

지나간 1년의 삶을 내려놓은 뒤, 아무도 없는 암자에 들어 건물 전체로 공명하는 파도 소리를 들어보기도 하고, 더러 신도들이 기도를 드리고 있으면 바깥에서 어두운 수평선을 바라보며 서성대기도 한다. 그 시간은 실로 묘한 시간이다.

동지 다음 날 해가 뜨는 시각까지 그는 죽음과 새로운 부활의 중간 상태에 머물게 된다. 불가에서 말하는 죽은 뒤 다음 생을 받을 때까지의 중간기간인 중유(中有)의 세계에 머무는 것이다. 산 것도 아니고 죽은 것도 아닌 묘한 세계 속에서 새 해를 맞이한다.

동쪽 바다에서 해가 솟기 시작하면 그는 기지개를 펴고, 동공으로 쏟아져 들어오는 햇빛으로 새로운 생명을 점화한다. 새로운 그의 탄생을 위해 부활을 시작하는 것이다.

그러면서 그는 한해살이의 새로운 생명을 살아가고 있음을 재차 확인하게 된다. 그의 나이 만 56세이니 벌써 쉰 하고도 여섯 번의 생을 살아왔다. 나보다 4년 후배인데 삶의 자세와 성찰은 도저히 따라갈 수 없다. 어쨌든 그는 곧 쉰 하고도 일곱 번째 삶을 시작한다.

몸 또한 늙었지만 새로운 활력을 얻는다. 그 활력은 서쪽 수평선 너머에서 몸을 사른 후 아침이면 동녘 하늘에서 새롭게 비상해오는 불사조의 그것이다. 그렇다, 그는 진정 불사조이고 세 발 달린 삼족오(三足烏)라는 기분 좋은 환상에 빠진다.

그는 올해도 역시 동지 전야(前夜)에 죽으러 갈 것이다. 그리고 동지 아침이면 새로운 생명을 찾아서 되돌아올 것이다. 그가 매년 동지 때마다 죽음과 부활의 의식을 갖기 시작한 것은 누구나 하는 평범한 생각이 단초였다고 한다. 누구나 삶이 구차하고 버거워서 새롭게 시작하고 싶어 한다. 다시 태어나면 이런 바보 같은 삶을 살지는 않겠다는 생각을 누구나 하기 마련이다. 그도 그런 마음이었다고 한다.

그런데 반드시 다음 생을 기다릴 필요가 없다는 사실을 알게 되었다고 한다. 한해살이 풀처럼 매년 새롭게 살면 된다는 생각이 머리를 스친 것이다. 받아들일 것은 받아들이되 털어버릴 것은 모두 털어버려 새롭게 삶을 얻으면 된다는 생각이었다. 솔직히 지금까지 살아오면서 쌓아둔 것을 모두 버리고 새롭게 시작하는 것은 어렵다. 하지만 그것들에 바탕을 두고 새롭게 삶을 시작한다면 더 좋을 것이라는 생각이었다.

있을지 없을지도 모르는 다음 생을 기다릴 것 없이, 희미하게 사그라지는 희망을 오매불망할 것 없이, 한 해의 마지막 날에 헌 해와 함께 죽고 새해와 함께 다시 태어나는 삶의 방식을 택하는 것이 최선의 삶이라는 생각이란다. 누가 알겠는가! 한 해의 새로운 삶이 그런 바탕 위에서 시작하고, 한 해의 마지막에 가서는 새로운 희망의 빛을 발견하게 될지 모르는 일이다.

II

새 출발은 과거와의 단절이 아니다. 연속 상영이다. 새 출발을 하기 전에 나는 과거에 어떻게 살았는지, 이제부터 어떻게 살아야 할지 중국 선불교의 고승이 남긴 4마디 경책(警策)을 통하여 점검해 보자.

첫째, 권력을 다 사용하지 마라.

우리 중에 완장 하나 채워주면 날뛰는 사람들이 있다. 그러나 권력을 함부로 쓰게 되면 반드시 화가 돌아온다. 특히 높은 자리에 올랐을 때일수록 함부로 남용하지 말아야 권세를 잃더라도 안전하다. 작가 윤흥길은 권력에 대한 이러한 가르침을 소설 『완장』에서 해학적으로 잘 드러내 보였다.

둘째, 복도 다 받아쓰지 마라.

자신이 누릴 수 있는 복이라도 모두 쓰고 나면 필시 나중에 곤궁해진다. 이는 절약하고 검소하며 다른 사람의 사정도 살펴가며 살라는 것이다. 이는 경쟁적 고도 성장기를 살아온 세대에게 특히 부족한 부분이다. 지금부터라도 작은 것에서 오는 행복을 느껴보자.

셋째, 모범을 다 보이지 마라.

물이 너무 맑으면 고기가 살지 못하는 법이다. 인간미가 느껴질 정도의 융통성을 갖고 살자. 너무 반듯한 이에게는 사람이 모이지 않는다. 나 또한 모범만으로 리더십이 완성되지 않는다는 사실을 뒤늦게 깨달은 사람이다. 점검결과를 토대로 커뮤니케이션 방식에 변화를 주어야 한다.

넷째, 좋은 말이라도 다 하지 마라.

늘 좋은 말만 하는 사람의 말은 가볍게 듣고 넘기기 쉽다. 적절한 칭찬의 말, 격려의 말, 배려의 말로 다른 이들을 기쁘게 하자. 좋은 말만 남발하는 사람은 아닌지, 다른 이들로부터 그렇게 인식되고 있는 것은 아닌지 반드시 점검할 일이다.

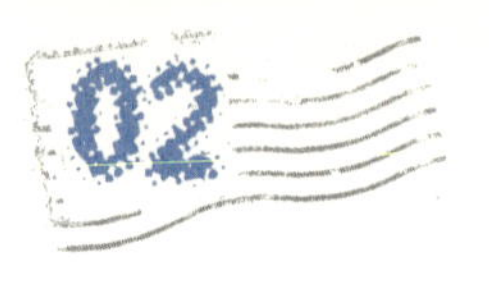

누구나 은퇴를 한다

직장은 언젠가 떠나야 할 곳이다

한 사람이 인생을 살면서 가장 많은 시간을 보내는 곳은 어디일까? 집? 학교? 남자들의 경우는 아마도 '직장'일 것이다. 20대 후반부터 퇴직할 때까지 하루의 대부분을 그곳에서 보낸다. 아침 출근 시간 도로와 전철은 직장으로 향하는 무리들로 가득 차 있다. 마치 초원의 초식동물들이 신선한 풀을 찾아 긴 여행을 떠나는 모습과 흡사하다. 의미는 조금 다르지만 디지털 시대의 '디지털 유목민'이라고 해도 될 정도다.

2007년 9월 국제노동기구가 발표한 〈노동시장 핵심 지표〉에 따르면 52개 조사 대상국 중 한국의 1인당 연간 노동시간이 가장 길다는 결과가 나왔다. 미국은 1,804시간, 프랑스 1,564시간, 말레이시아, 홍콩, 태국 등이 2,200시간을 겨우 넘기고 있지만, 한국은 2,305시간으로 전 세계 1위다. 이는 우리나라 산업 발전과도 무관하지 않다. '잘 먹고, 잘 살자'는 구호 아래 개인의 삶의 질은 뒷전으로 밀려났으며, 경제 발전을 위해 희생되는 것을 당연하게 여겼다. 하지만 아이러니하게도 노동생산성은 한참 떨어진다. 한국은 노동생산성이 가장 좋은 미국의 68% 수준에 머물러 있다.

어쨌든 중요한 것은 우리나라 노동자들이 아침부터 저녁까지 쉼 없이 일하고 있다는 사실이다. 최근 주 5일제 근무의 확대와 네트워크의 발달은 근무시간을 줄이는 효과를 가져왔지만, 전체 노동시간은 크게 줄지 않고 있다. 특히 네트워크의 발달은 출퇴근으로 인한 에너지 손실을 줄이고 업무의 효율성을 높이는 데는 기여하였다. 하지만 실질적으로는 때와 장소를 가리지 않고 일할 수 있는 환경의 조성, 즉 언제 어디서나 일할 수 있도록 구조화된 측면이 없지 않다. 일에서부터 자유로울 수 없다는 이야기다.

1999년 IT업계 선두 그룹으로서 당시 20대에 벤처를 창업한 L씨는 근무시간과 장소의 파괴를 누구보다 강하게 주장했다. 그는 직원들의 출퇴근을 자유롭게 허용했으며, 집에서도 근무할 수 있도록 했다. 당시만 해도 획기적인 근무환경이었다. L씨 역시 집에서 근무하는 시간이 많았다.

"직원들이 출근하지 않으면 일을 게을리하지 않을까?"

"아니, 자기 일만 완벽하게 끝내면 상관없어요."

10년이 지난 지금도 L씨의 회사는 재택근무를 선호한다. 그런데 문제는 업무 효율뿐만 아니라 직원들의 이직률 역시 높아졌다는 것이다. 초반의 긍정적이었던 반응과 달리 시간과 장소를 불문한 업무의 굴레에서 좀처럼 벗어나지 못한 탓이었다. 그러한 환경이 일종의 업무 스트레스로 작용한 것이다.

요즘은 무선인터넷과 태블릿 PC 등이 보급·확대되면서 모든 장소가 일하는 곳이 되어버렸다. L씨도 늘 노트북을 들고 다니며 언제 어디서든 업무를 보고받고 지시하며 하루를 보낸다. 10년 동안 휴가는 물론 주말에도 제대로 쉬어 본 적이 없다고 한다. 40대 초반이 된 L씨는 결국 건강문제로 회사를 다른 사람에게 넘기고, 현재 강원도 영월에서 요양 중이다.

지금의 4050 중년에게는 재택근무마저 어렵다. 그들은 오로지 직장에 출근해서 업무를 봐야 한다. 디지털 기기의 사용이 서툰 것도 있지만 생활습관이 출퇴근에 익숙해져 있기 때문이다. 4050은 직장의 허리다. 직장의 상부와 하부를 잇는 커뮤니케이션의 통로가 되어야 한다. 디지털 기기와의 거리는 젊은 세대들과의 소통을 어렵게 만든다. 물론 젊은이 못지않게 잘 활용하는 사람들도 있지만, 대개는 힘겨운 것이 현실이다.

현재는 1970년대 말부터 1980년대 초에 일터에 입성한 소위 베이비 붐 세대들이 은퇴를 시작하는 시기다. 우리나라 경제성장의 주역들인 그들은 이러한 사실에 큰 충격을 받고 있다. 어떻게 하면 직장에서 좀 더 오래 버틸 수 있는지 고민하면서 하루를 사는 사람들도 많다.

고향 친구 선배인 M씨는 유통회사의 차장으로 근무 중이다. 그 역시 몇 년 후에는 은퇴해야 한다. 조기은퇴의 은근한 압력을 견디면서 M씨는 부쩍 직장생활에 열을 내고 있다.

"이 회사에서 뼈를 묻기로 했는데 아직 은퇴하기는 이르지."

"건강도 생각해야지요. 젊은 사람처럼 근무했다가는 큰일 납니다."

"괜찮아. 회사 생활이 몇 년인데, 다 요령이 있지."

그가 말한 요령이라는 것은 사실 매우 위험한 방법이었다. 상사가 시키는 일을 무조건 받아낸 뒤 부하 직원들을 닦달하는 식이었다. 그리고 예전처럼 업무능력이 따라주지 않자 술자리와 회식 등을 빌미로 이사진들과 친밀도를 쌓고 있다. 한마디로 그는 구습에서 벗어나지 못하고 있었다.

M씨처럼 과도하게 직장에 매달리는 이유는 퇴직 이후에 대한 대안이 없거나, 불안함 때문이다. 평생을 직장에서 주어진 업무를 목

숨처럼 생각하며 살았기 때문이다.

언제까지 자존감을 버리면서 직장에 매여 있을 것인가. 끊임없이 자문을 해봐도 답은 이미 나와 있다. 직장은 평생 뼈를 묻으면서까지 지켜야 하는 곳이 아니다. 남들은 해고당해도 나는 끝까지 남아 아름다운 은퇴를 할 수 있을 것 같지만 천만의 말씀이다. 직장은 언젠가는 또는 언제든 떠나야 하고 떠날 수 있는 곳이다.

박수칠 때 떠나자

직장인들 특히 4050세대들은 어떤 일이든 "예, 알겠습니다!"라고 대답 먼저 하고 보는 직장문화에 길들여져 있다. 여기에는 몇 가지 이유가 있다.

유교문화권에서의 교육이 그 첫 번째라고 할 수 있으며, 상명하복(上命下服)의 군대문화가 그 두 번째다. 과거의 주입식 학교교육 역시 그 원인 중 하나이다. 그들은 또한 자신보다 조직을 위해 희생해야 한다는 강박증이 있다.

우리는 늘 상사에게 혼나거나, 친구가 나보다 연봉이 많거나, 동료와 관계가 좋지 않거나, 월급에 비해 업무량이 많거나 할 때 사표를 떠올린다. 하지만 진짜 사표를 내는 사람은 1/10도 안 된다. 회사와 상사와 일이 부르면 "예, 알겠습니다!" 하고 달려가게 되는 것이다.

- 상사가 자신의 무능력을 지적한다.
- 상사가 지나치게 무시한다.
- 임금을 깎으려 한다.
- 근무환경이 좋지 않은 곳으로 이동시킨다.

- 모두가 피하거나, 전혀 다른 업무를 시킨다.
- 자신의 업무를 다른 직원에게 가르쳐주라고 한다.
- 부서 이동이 잦다.

　이러한 징후가 보인다면 직장을 그만둘 때가 왔다는 신호다. 위와 같은 경우가 적어도 두어 번 지속적으로 반복된다면 이는 명백한 암시다.

　어느 날 갑자기 날벼락을 맞듯, 해고를 당해 실업자가 되기보다는 사전에 준비를 하는 것이 좋다. 즉 해고당하기 전에 내가 먼저 회사를 해고하는 것이다. 그러기 위해서는 퇴직 이후에 무엇을 할 것인가에 대한 고민도 중요하지만 퇴직 시기 역시 중요하다. 동종 업계로 이직을 하는 것이 아니라면 퇴직 이후에 대한 대안을 마련하고 직장을 그만두는 것은 물리적으로 어려움이 많다. 특히 창업을 염두에 둔다면 일정 정도의 시간적인 투자가 반드시 필요하다. 그 시간을 직장을 다니면서 확보하기에는 어려움이 따른다. 기본적인 준비는 가능할지 몰라도 실질적인 준비는 퇴직 이후에 본격화된다는 것이다.

　따라서 현재 직장생활이 어려운데도 불구하고 복지부동으로 남아 있는 것은 미련하다. 회사에서 '당신과 더 이상 함께하기 힘들겠습니다'라는 신호가 오면 그 시기를 빨리 파악해서 과감하게 행동해야 한다.

역사적으로도 개국공신들이나 반정공신들은 일정한 때가 되면 자연스럽게 숙청을 당했다. 직장도 마찬가지다. 창업공신들 역시 회사가 안정권에 접어들면 몇 년 지나지 않아 밀려나게 된다. 현명한 방법은 그전에 알아서 물러나는 것이다. 최고의 위치에서 가장 아름다운 모습으로 떠나야 한다. 타의에 의한 강제 퇴장이 아니라 많은 이들의 박수를 받으며 당당히 떠나야 한다.

- 업무나 인간관계에 있어 지금이 최고라고 생각이 들면 떠날 준비를 하라.
- 자신이 생각했을 때 지금보다 더 높은 실적을 올리기 어렵다고 판단되면 떠나라.
- 자신의 견제 세력으로 낙하산 인사가 이루어지면 떠날 준비를 하라.
- 능력과 상관없이 직장생활에 흥미를 잃었다면 떠나라.
- 다른 직업을 고려하고 있다면 도전정신과 용기와 자신감이 사라지기 전에 떠나라.

평생직장이 아닌 평생직업 찾는 시대

"얼마 전 신입사원 선발에 면접관으로 참여하게 되었어요. 한 지원자에게 우리 회사에 입사하게 된 동기가 무엇이냐고 물었더니 뭐라고 대답한 줄 아세요?"

외식경영 업체에 다니는 G씨가 면접 당시에 겪은 일을 이야기했다.

"글쎄, 대개는 오래전부터 입사하고 싶었다, 뭐 그런 얘기하지 않나?"

"뭐라고 했냐면요 '앞으로 인간의 평균수명이 100세까지 늘어날 것이라고 생각합니다. 하지만 직장생활을 할 수 있는 나이는 정해져 있기 때문에 평생 지속할 수 있는 직업을 고민한 끝에 지원하게 되었습니다'라고 했어요."

"자네 회사의 특성상 신입사원들이 요리나 조리 관련 자격증 한두 개는 가지고 있을 테니 그럴 만도 하겠네."

"그렇죠. 젊은 친구들은 아주 어릴 때부터 직업을 선택한다는 것이죠. 어떤 지원자는 중학교 때 이미 자격증을 땄을 정도니까요."

우리가 어릴 때 장래희망을 얘기하라고 하면 의사, 변호사, 선생님, 사장, 군인, 경찰관 등 대개 사회생활하기에 용이한 직업들을 말했다. 그때만 해도 직업의 범위가 그리 넓지 않았고 호불호(好不好)도 명확했다.

그런데 요즘 젊은이들은 자신의 진로를 아주 빨리 결정하고 그것에 매진한다. 대학 졸업 후 취업하기 어려운 시대적 상황이 반영된 탓도 있지만, 단순히 그러한 이유 때문만은 아닌 것 같다.

기존에 직업을 선택한다는 것은 직장을 선택한다는 의미와 같았으며, 직장에 따라 직업이 달라질 수 있다고 여겼다. 그런데 언제부턴가 직장과 직업에 대한 인식의 변화가 급격하게 일어났다. 즉, 요즘은 직장보다 직업을 우선시하는 비율이 점점 높아지고 있다. 20대의 젊은 학생들뿐 아니라 30대, 40대는 물론 50대까지 그 인식의 변화가 분명하다. 시대의 조류에 따른 현상이라면 연령대가 높아질수록 그 비율이 낮아야 하지만 큰 차이를 보이지 않는다는 점에서 결정적인 계기가 작용한 듯 보인다.

그 결정적인 시기는 1997년 IMF 때부터이다. 그 당시 직장을 다니는 사람들의 대부분은 평생직장 개념을 가지고 있었다. 한 번 직장에 들어가면 정년퇴임할 때까지 평생 몸담는 것을 기본이라 여겼다.

그리고 회사에 충성하는 만큼 정년이 보장되는 것도 일반적이었다. 그런데 IMF 여파로 한순간에 수십만 명이 직장을 잃고 실업자가 되었다. 일명 구조조정의 칼바람에 추풍낙엽처럼 직장인들이 희생되었던 것이다. IMF는 직장인들뿐 아니라 취업 준비생들에게도 큰 시련이었다. 가까스로 살아남아 떠나는 이들을 지켜봐야 하는 사람들 역시 안전한 직장은 없다는 인식을 갖게 되었다.

그 당시 IMF를 직접 겪었던 지금의 40대와 50대, 그리고 사업에 실패하거나 실업자가 된 부모를 곁에서 지켜본 지금의 20대와 30대는 평생직장에 대한 개념을 새롭게 정의 내릴 수밖에 없었다. IMF든, 고용불안이든, 금융위기든 젊은이들에게 더 이상 평생직장의 개념은 존재하지 않는다. 대신 그만큼 일찍 평생직업이 무엇인지 고민하고 주저 없이 뛰어드는 것이다.

그런데 4050 중에는 아직도 직장에 목매는 사람들이 많다. 여러 가지 이유가 있겠지만, 가장 큰 이유는 지금의 직장을 떠나서 새로운 직업을 갖고 생활할 수 있을지에 대한 두려움 때문이다. 즉 직업이란 직장이 있을 때에만 존재한다는 인식이 자리 잡고 있는 것이다. 직장은 올바른 직업윤리를 구현하고 실천하기 위한 하나의 장이다. 직업이 있는 사람은 직장이 있어야 하지만, 직장이 있다고 반드시 직업을 가진 것은 아니다. 직장과 직업의 관계는 필요충분조건이 아니다.

만약 직업이 회사원이라면 직장을 그만두는 동시에 직업을 잃게

되는 경우가 많다. 은퇴 후의 삶을 설계함에 있어 우리를 불안하게
하는 것이 바로 이런 부분이다. 직장과 직업을 잃고 난 후의 삶이
어떨지 상상이 되지 않기 때문이다. 따라서 은퇴 후에도 할 수 있는
직업을 찾아야 한다. 이러한 선택은 빠르면 빠를수록 좋다. 정년이
없는 평생직업은 진정한 의미의 '평생직장'이다.

수성의 지혜 찾기

　우리는 오랫동안 인생의 승리자가 되기 위한 교육을 받았다. 또 승리할 때만이 행복하다고 배웠다. 그러나 지금은 모든 면에서 변화가 요구되는 시대에 직면해 있다. 우리 의식에도 변화가 필요하다.

　요즘은 승리하는 것보다 행복하게 사는 것에 인생의 목적을 둔다. 실제로 승리하는 자가 100% 행복한 것은 아니다. 승리하지 않아도 충분히 행복할 수 있다. 우리는 그동안 행복에 대한 해석을 잘못하고 있었던 것이다. 그렇다면 행복을 '충분함 또는 만족을 느끼는 상태'로 정의한다면 2nd Life에서는 승리를 추구해야 할까, 행복을 추구해야 할까?

　승리에 대한 교육을 받은 세대들은 둘 다 얻기가 쉽지 않다는 것을 잘 알고 있다. 의식을 하루아침에 완전히 바꾸는 것은 불가능하다. 그러면 어찌해야 할까?

　승리든 행복이든 지금까지 이룩한 것이라도 잘 지켜야 한다. 즉 수성(守城)해야 한다. 사실 수성이 공성보다 더 어렵다. 세상에 널리 알려진 많은 지식, 기법은 대부분 공성에 관한 것이다. 수성 자체가 소극적으로 비쳐지기 때문이다. 우리나라의 여러 경제지표 또한 성숙기 또는 조로한 선진국형을 닮아가고 있지만 한국적 수성에 대한 가르침은 미흡한 실정이다. 가까운 일본에서는 이미 20여 년 전부터 이 부분에 대한 많은 고민과 실천이 이루어지고 있다.

당신이 만일 2nd Life의 4050이라면 매우 혼란스러울 것이다. 공성 또한 최고의 수성이라는 생각을 가지고 있기 때문이다. 그렇다면 공격과 동시에 오랫동안 수성할 수 있는 지혜를 찾아보자. 해답은 간단하다.

실패하지 않는 공성이다. 실패하지 않는 공성을 하려면 여유롭게 쉬어가면서 공격방법을 연구해야 한다. 왜냐하면 4050의 주 무기는 경륜과 자금인데 그것이 충분하지 않기 때문이다. 이러한 상황을 보완하기 위해서는 여유 있는 대책이 필요하다.

사실 모든 분야가 그렇듯 공격 성공률은 낮다. 벤처의 성공률은 3% 이하이다. 우리나라의 폐업률은 OECD의 상위에 있으며, 법인의 평균 수명은 4년 내외밖에 되지 않는다. 고작 4년만 사업하려고 법인을 설립하겠는가? 공성을 할 때는 오랜 정찰과 계획이 무엇보다 우선시되어야 한다. 그것으로부터 구체적인 방법이 도출되었다면 야밤공습이나 정면 돌파와 같은 행동 개시는 차후의 문제가 될 것이다.

창업 준비를 위해 교육센터와 창업학교에 다닐 때다. 창업학교에

서 만난 K씨는 2주도 안 되어 그곳을 그만두고 모 대학원의 최고경
영자 과정에 들어갔다. 현역 경영자들도 들어가기 힘든 곳이었다.

"사람이 큰물에서 놀아야죠. 사업을 하려면 잘나가는 사업가들과
어울려야 해요."

그가 평소에 자주 하던 말이었다. 그러나 그곳에서도 오래 버티
지 못하고 교육과정만 겨우 마친 모양이었다. 쉽게 사업 아이템을
얻으려고 여러 사람을 쫓아다니다가 그들로부터 배척당한 것이다.

'누구와 점심을 먹느냐가 인생을 좌우한다'는 가르침이 비즈니
스강좌의 중심화두로 회자된 지 오래되었다. 이런 비즈니스 사회의
현실을 잘 이해하고 있는 4050들은 대학의 고급경영강좌 또는 경
영인들의 조찬모임에 부지런히 얼굴을 내민다. 교우 또는 회원들과
점심도 먹고 NQ(Network Quotient)도 높이기 위해서다.

그러나 이러한 교육과정 또는 모임에 참석할 때 꼭 알아두어야
할 사항이 있다. 이들은 모두 Win-Win 사회의 멤버라는 사실을 유
념해야 한다. 2nd Life 4050의 출발선에 서 있다면, 나는 Winner's
사회에서 방금 퇴출되었다는 사실을 잊지 말아야 한다. 이미 획득
한 멤버십을 지키는 동시에 계속해서 과실을 얻으려면 신중한 처신
과 노력이 필요하다. 창업학교의 K씨는 무엇보다 빨리 성과를 얻고
자 했기 때문에 실패하고 만 것이다.

Tip 조직을 관리하는 수성의 노하우

- 함께한 지 3개월쯤 되었을 때 즉 서로간의 탐색기간이 지나면 두 사람만의 특별한 대화의 시간을 가진다. 적당한 장소에서 3~4시간 정도가 알맞다. 먼저 자기의 사생활, 신변, 가족관계, 인생관 등을 자연스럽게 털어놓고 그도 조건 없이 마음을 열도록 유도하여 스킨십 확대의 기회를 만든다.
- 함께한 후 1년쯤 됐을 때, 이벤트 날(명절 등)에 볼펜으로 직접 쓴 한 장 이상의 감사 편지와 조그만 선물을 집으로 우송한다. 편지에는 상대방이 얼마나 나에게 인정받고 있는 존재인지 충분히 느낄 수 있도록 감동적이고 설득력 있는 내용을 담는다.

행복한 부부관계 지켜가기

은퇴남편 증후군

사람은 재물과 달리 주변에 사람이 없어 봐야 그 존재의 고마움을 깨닫게 된다. 특히 은퇴를 하고 나면 함께 어울릴 사람이 많지 않다는 사실을 뼈저리게 느끼게 된다. 직장생활을 하다 보면 아내, 친구, 가족 등 주변 사람들과의 관계가 소홀해지기 쉽다. 그중 가장 심각한 것이 가족과의 관계다. 은퇴 전에는 사회적으로 많은 사람들과 관계를 이루고 살지만 은퇴 이후에는 가족 중심으로 변해간다.

H그룹을 다니던 L씨는 작년에 명퇴를 했다. 평생직장의 개념이 사라진 요즘 근 25년을 한 직장에서 버틴 흔하지 않은 사례였다.

"그동안 바쁘게 일만 했으니 일단은 편안하게 쉬어야겠어."

그의 말에 아내는 별다른 의미를 두지 않았다. 문제는 실제 퇴직 이후에 발생하였다. 하루가 멀다 하고 부부싸움을 하더니 급기야 이혼소송까지 갔던 것이다.

"아니, 내가 무슨 잘못을 했다고 나만 가지고 그러는지 모르겠어. 이제는 좀 쉬겠다는데 그게 그렇게 못할 짓인가?"

이혼소송까지 치달았던 데에는 배우자에 대한 남자의 배려가 부족했기 때문이다. 명퇴한 남편이 하루 종일 집에서 뒹굴기만 한다면 어느 누가 좋아하겠는가.

L씨뿐만 아니라 대부분의 남자가 실직, 퇴직, 혹은 이직을 준비하면서 집에 있는 시간이 길어지면 가족구성원 간에 보이지 않는 갈등이 생기게 마련이다. 아내 입장에서 남편은 적어도 주 5일은 집에 없는 사람이나 다름없다. 때문에 그 시간은 아내들이 자기를 관리하는 독립적인 시간인 셈이다. 그런데 명퇴 등을 이유로 남편이 집에 붙어 있게 되면 부인 입장에서는 상대적으로 구속의 시간이 늘어난 것처럼 느끼게 된다. 친목활동이나 개인적인 활동에 할애하던 시간을 남편에게 빼앗기게 되는 것이다. 남편들은 이러한 사실을 빨리 깨달아야 한다.

이미 우리나라는 이혼율이 세계 1, 2위를 넘나드는 불명예를 안고 있다. 표면적으로 내세우는 이혼의 사유가 어떻든 중년 이후에는 경제적인 원인이 가장 크다. 그 다음으로는 L씨와 같이 퇴직한 남편의 '젖은 낙엽★' 기질 때문이다. 설상가상 경제문제까지 겹치면 부부 간에 갈등의 골은 점점 깊어질 수밖에 없다.

그런데 직장을 잘 다니고 있는 가장이라도 수입의 증가 없이 휴일이 늘어나면 문제가 발생한다. 일본이나 선진국에서 주 5일제 시행 이후 휴일이 늘어나면서 예외 없이 이혼율이 현격히 높아졌다.

2nd Life의 위기는 직장문제, 경제문제에서 시작하지만 결과는 가족관계의 붕괴로 이어지는 경우가 많다. 아내에게 대접받으며 시간을 버는 방법은 의외로 중요하다. 2nd Life는 주로 4050에 시작한다. 제1직장 또는 일터를 떠나서 새로운 출발을 해야 하는 시점일수록 계속해서 일하는 모습을 보여주는 것이 좋다.

D건설 수주팀에서 근무하다 은퇴한 B씨는 요즘 춤바람이 났다. 그는 아내와 함께 스포츠댄스를 배우러 다닌다.

"이제 저도 은퇴가 얼마 남지 않은 것 같아요."

몇 해 전 B씨와 함께 식사하는 자리에서 그는 자신의 은퇴에 대해 담담하게 이야기했다. 대부분의 직장인들은 분위기로 자신의 은퇴시기를 잠정적으로 예측한다. B씨의 이야기를 가만히 듣고 있던

★ **젖은 낙엽** 마른 낙엽은 비로 쓸면 잘 쓸리지만 젖은 낙엽은 바닥에 딱 붙어서 쉽지 않다. 젖은 낙엽은 평생 일만 하던 남편이 은퇴한 이후, 특별한 취미생활이나 사회적 활동 없이 주로 집에만 있으면서 '부인이 어디를 가든 찰싹 붙어 졸졸 따라다니며 떼어내려 해도 잘 떨어지지 않는 행태'를 비유한 말이다. 이미 일본에서는 고전적인 단어가 되어 있다.

나는 은퇴 후 중요한 것들을 몇 가지 알려주었다.

"무엇보다 중요한 것은 사모님과의 관계입니다. 함께할 수 있는 취미를 가져보세요."

그날 이후 B씨는 은퇴시기를 고민하는 동시에 아내와 함께할 수 있는 여가활동을 찾기 시작했고, 그것이 바로 스포츠댄스였다고 한다. 은퇴하기 전부터 시작한 춤은 어느새 준선수급 정도가 되었다고 한다.

부부가 함께할 수 있는 취미는 은퇴 이전부터 찾는 것이 좋다. 은퇴 이후에는 서로의 라이프 스타일이 달라 맞추기가 쉽지 않다. 등산이나 배드민턴 등과 같은 운동, 독서나 영화감상 등 취미활동, 지역사회를 위한 봉사활동도 좋다. 은퇴 이후, 부인에게 전폭적인 지지를 받으며 생활하고 싶다면 주말이나 휴일을 이용해 부부가 함께할 수 있는 활동을 미리 찾아 나서야 한다. 세상에서 가장 소중한 친구이자 동반자는 바로 배우자이기 때문이다.

4050의 결혼생활

4050의 결혼생활에서 가장 큰 걸림돌은 무엇일까? 생활비, 자녀 문제, 불확실한 미래? 물론 모두 다 맞다. 결혼은 나와 타인의 암묵적 합의로 이루어진 결합이므로 합의 사항들이 잘 지켜지지 않는다면 문제가 발생할 수 있다. 더군다나 합의 사항들은 암묵적이기 때문에 상대방의 요구를 알아채기가 더욱 어렵다. 15년 이상 결혼생활을 유지한 4050이라 할지라도 모든 합의 사항을 눈치로 알아내기에는 무리가 있다.

결혼생활은 나의 자유와 배우자와의 유대감 사이의 긴장 상태를 해결하는 것이 가장 중요하다. 특히 아이들이 어느 정도 자라서 독립적인 생활을 하거나 그럴 나이가 된 부부일수록 더 중요하다. 결혼의 전통적인 의미는 아이를 낳고 잘 키우는 것인데, 중년이 되면 이런 의무에서 자유로워진다. 그러다 보면 배우자들의 개인적 요구가 강해지고 결혼이라는 유대감은 느슨해진다.

29세에 결혼해서 1남 1녀를 둔 K씨는 올해 결혼 25년차다. 그는 요즘 새로운 고민이 생겼다.

“이상하게 요즘 와이프하고 있으면 어색해요.”

K씨는 어느 누구보다 부인을 사랑하고 가정에 충실한 사람으로 주위에 잘 알려져 있다.

“아니, 뭐 그 나이에 내외하고 그럽니까?”

“그러게요, 아마 아이들이 없어서 그런가 봐요. 집이 썰렁하고 낯설기까지 해요.”

K씨는 올해 큰 아이를 군대 보내고, 딸도 지방 대학 기숙사에 보냈다. 늘 아이들과 함께 지내다가 갑자기 둘만 남게 되면서 어색한 사이가 된 것이다.

“그동안 두 분만 함께 있는 시간이 없어서 그런가 봅니다. 동지적 결합을 하세요.”

나는 K씨에게 ‘친구 같은 결혼생활’을 시작하라고 조언해주었다. 서로에게 고난의 시간들을 함께 겪은 동지 같은 배우자가 되어라. 아이에게 집중되었던 관심을 서로에게 집중하는 동시에 각자의 개성을 존중해야 한다. 물론 어느 한 쪽으로의 일방적인 소통이나 집중은 금물이다. 친구 같은 결혼생활의 핵심은 개방적이고, 진심이 담긴 의사소통을 기본으로 하여 서로의 자유를 존중하고 인정하는 것이다. 그 과정에서 둘만의 유대감을 찾아야 한다. 또한 서로에 대한 성적 매력을 탐닉하는 것도 잊지 말아야 한다.

가계는 어려운데 가장으로서 소득이 없는 부부관계가 오래되다 보면 아내의 태도가 예전과는 180도 달라지는 게 정상이다. 경제적인 문제 외에서조차 나를 대하는 태도가 다르다면 그것 또한 정상적인 현상이다. 이유는 이렇다. 중요한 부분에서 실망하기 시작하면 이전에는 괜찮게 여겨지던 부분들까지 실망하게 되는 동조현상이 발생하기 때문이다.

이때 이혼(?)당하지 않으려면 나 때문에 아내에게 병이 생겼다고 생각하고 대처해야 한다. 병의 원인을 제공한 나에게 아직 밥도 해주고 빨래도 해주는 고마운 사람임을 알아야 한다. 아내가 아픈 원인이 나에게 있음을 확실히 인식해야한다. 이렇게 하면 위기가 평화롭게 극복된다. 부처님 같은 말씀이 아니다. 유례없이 급증하는 우리나라 50대 부부의 이혼사유에 대한 처방책이다.

말 잘하는 남편이 좋다

사람은 하루에 얼마나 많은 말을 할까. 언어학자들의 말에 따르면 여자는 하루 평균 2만 단어, 남자는 1만~1만 5,000단어를 사용한다고 한다. 여자가 남자보다 두 배 이상 말을 많이 하는 것이다. 이는 인류의 진화과정과 관련이 있다고 한다. 인류가 씨족, 부족 단위의 정착생활을 시작하면서 남자와 여자의 역할이 극명하게 나뉘게 되었는데, 남자들은 주로 사냥을 했고 여자들은 마을에 남아 아이들을 훈육하거나 경작을 담당했다. 사냥을 했던 남자들은 필연적으로 말 수가 줄어들 수밖에 없었던 것이다. 뿐만 아니라 한국의 남자들의 경우 '침묵은 금'이라는 유교식 교육을 받아온 탓도 크게 작용했을 것이다.

과거 우리 아버지들은 집에서 특별히 많은 말을 하지 않았다. 사회적 분위기도 있었겠지만 내가 짐작하는 바는 하루 종일 밖에서 사람들을 상대하면서 하루에 쓸 말을 모두 소진해버렸으리라. 배터리가 방전된 채 집에 들어오면 밥 먹고 자기 바빴던 것이다. 남편이 돌아오기만을 기다리던 아내는 그런 사람을 상대로 하루 일과를 늘어놓거나 이것저것 물어보게 되는데, 지친 남편들은 한마디로 귀찮을 수밖에 없는 것이다. 그러나 부인과의 관계를 회복하려면 밖에서의 말 수를 줄이고 집에서의 말 수를 늘려야 한다.

창업 준비를 하면서 알게 된 C씨는 대대로 경상도에서 살아온 토박이다. 그야말로 경상도 사나이의 전형적인 무뚝뚝함이 온몸에 배어 있다.

"경상도 남자들은 퇴근하고 집에 들어가면 '아는?', '밥 먹자', '자자' 이 세 마디만 한다면서요?"

여럿이 모여서 이야기를 나눌 때조차도 많은 말을 하지 않는 C씨가 신기해서 가끔 물어본 적이 있다.

"더 말이 필요하겠심꺼. 보믄 다 알지예."

"그런데 C씨는 집에서도 별로 말을 안 한다면서 어떻게 그렇게 부부 관계가 좋아요? 그 비결이 뭡니까?"

참석자 중 한 사람이 평소 궁금했던 C씨의 부부관계에 대해 물었다. 사실 C씨의 부부 금술은 모두가 부러워할 정도였다.

"글쎄요, 잘 모르겠심더."

얼마 후, 우연히 C씨 부부와 함께하는 자리가 마련되었다. 언제나 과묵했던 C씨는 예상과는 달리 유행어를 섞어가며 아내와 대화했다.

"저희 남편이 밖에서는 말이 별로 없지요? 집에서는 말 잘해요."

업무상 사람들을 상대해야 하는 일이 많았던 C씨의 젊은 시절, 그로 인한 스트레스가 상당했다고 한다. 그는 자신에게 필요한 것이 대화법이라는 사실을 깨닫고 전문교육까지 받았다고 한다.

"밖에서 사투리 때문에 얘기하는 게 쪼매 어색한 면도 있지만, 집에서는 그런 신경 안 써도 되니 말을 많이 합니다. 무엇보다 마누라가 좋아합니다."

부부의 금술은 상대방에게 먼저 말을 걸어주고 살갑게 대화하는 것에서부터 시작한다. 특히 남편들은 집이나 가정을, 지친 심신을 누이고 피로를 해결하는 곳 이상의 의미를 두어야 한다. 말을 많이 하지는 못해도 최소한 부인의 말에 반응을 보이고 몇 마디의 대화가 오고갈 수 있도록 노력해야 한다.

중년 이후의 부부관계는 서로에 대한 믿음과 신뢰가 중요하다. 믿음과 신뢰는 마음을 담은 대화를 나눌 때 쌓이게 된다.

은퇴자금 관리는 안전이 우선

가계 재무구조를 점검하자

4050은 우리 사회의 중추 세대이다. 은퇴를 실질적으로 고민하기 시작하는 시기이기도 하다. 기업의 정년이 대체로 55세인 점을 감안하면 40대에게 남은 직장생활은 짧게는 5년에서 길게는 15년 정도이다. 이 기간 동안 자녀 교육비와 내 집 마련 비용을 충당하고, 일상생활도 영위하면서 은퇴 준비는 어떻게 해야 할까?

40대의 경우, 믿을 만한 것은 국민연금이다. 국민연금 운용에 대한 우려의 목소리가 높은 것도 사실이지만, 그럼에도 불구하고 국민연금은 은퇴 이후를 생각하는 가장 기본적인 자금 설계다. 그리고 지금의 40대는 직장생활 초년부터 국민연금에 가입했으므로 연금액이 결코 적지 않을 것이다. 거기에 퇴직연금까지 더하면 꽤 큰 돈을 마련할 수 있다. 퇴직연금은 도입된 지 채 5년도 지나지 않았기 때문에 아직 가입하지 않은 40대 직장인이라면 하루빨리 가입하는 것이 좋다.

동갑내기 부부인 K씨와 C씨는 얼마 전 연금보험으로 노후준비를 했다. 남편 K씨는 제약회사 재정부장으로 여전히 직장생활을 하고 있지만 곧 퇴직을 앞두고 있다. 아내 C씨는 출판사에 다니다가 3년 전 퇴사했다. 두 부부가 모두 그동안 직장을 다니면서 꾸준히 납입해온 덕분에 국민연금 수령액이 남편은 65세부터 월 80만 원, 아내는 월 50만 원이다. 이 밖에도 부부는 5년 전 그동안 모은 여유자금을 통틀어 남편 명의로 1억 원, 아내 명의로 3천만 원의 연금보험에 들었다. 60세부터 사망할 때까지 남편은 월 150만 원, 아내는 월 50만 원을 받는 조건이다. 이렇게 해서 국민연금과 연금보험을 합치면 이 부부는 은퇴 후 매월 330만 원을 받게 된다.

K씨는 "5년 전 이 돈으로 김포에 아파트를 한 채 사두려고 했지만 사정이 여의치 않아 그만두었다. 아마 그때 아파트를 샀으면 재산은 좀 더 불릴 수 있었을 것이다. 하지만 이렇게 연금보험에 가입해 우리 부부가 큰 걱정 없이 노후를 보낼 수 있다는 게 어쩌면 더 잘한 일인지도 모르겠다"며 연금보험 가입에 만족해했다.

　좀 더 경제적 여유가 있다면 개인연금과 아울러 보장성 보험을 활용하는 것도 좋은 방법이다. 세제 적격 개인연금에 가입하면 연말에 소득공제 혜택을 받을 수 있다. 보장성 보험에 가입하면 나이가 들면서 늘어나는 병원비 지출을 보전할 수 있다. 이를 위해서 선행되어야 할 것은 자신의 가계 재무구조를 꼼꼼하게 재점검하는 것이다.

다양한 금융상품을 고르는 요령

효과적인 금융전략을 운영하기 위해서는 얼마나 효율적인 상품을 선택하느냐가 필수요소이다. 다양한 금융상품을 효과적으로 투자하고 관리하기 위해서는 다음의 3가지 자세가 반드시 필요하다.

첫째, 나만의 투자 성향을 제대로 알아야 한다.

월가의 전설적인 펀드매니저인 피터 린치는 간접투자를 하기 전 빚을 갚고, 집을 사고, 보험가입을 하고, 3~6개월 정도 생활할 수 있는 여유자금을 예치하고 난 뒤에 하라고 조언한다. 그만큼 간접투자상품은 투자 리스크가 높다는 뜻이다.

간접투자상품을 고를 때 가장 염두에 둘 것은 자신의 자금이 리스크가 높은 상품에 투자했을 때 손실을 감수할 수 있는지 진단하는 일이다. 몇 개월 뒤에 꼭 써야 할 전세자금이라든가 결혼자금 등은 원금이 보존되는 ELS펀드 등으로 안정성을 높이도록 한다. 약간의 투자손실을 감수할 수 있는 자금이라면 주식형펀드와 같은 공격형 투자상품을 선택하는 것이 바람직하다.

간접투자상품은 정기예금처럼 정확한 만기일에 수익률을 분배하는 상품이 아니다. 대부분 개방형이기 때문에 언제든지 가입하고 해지가 가능한 펀드들이다. 그러므로 가입시기와 환매시기를 본인이 결정해야 한다.

기준 가격이 낮을 때 들어가서 높을 때 빠져나오는 것이 가장 좋지만, 그 시기를 정확하게 아는 것은 전문 펀드매니저들도 어렵다. 전체적인 주식시장이나 채권시장의 흐름은 뉴스나 인터넷, 재테크 관련 기사들을 조금만 관심 있게 바라본다면 어렵지 않게 파악할 수 있다. 단기투자를 노리는 것이 아니라면 이처럼 전체적인 시장의 흐름을 감지하고 펀드를 선택해야 수익률 관리가 용이하다.

간접투자는 직접투자 못지않게 리스크 관리가 중요하다. 간접투자상품 선택 시 운용사의 선택이 무엇보다 중요하다는 뜻이다. 운용사의 과거 수익률은 물론 어떤 운용사가 주식형 펀드에 강하고 채권형 펀드에 강한지 꼼꼼히 따져야 한다. 위기 시 위험관리 능력과 사후관리 조치도 살펴본 다음 운용사를 선택해야 한다.

운용사나 펀드매니저에 관한 정보는 펀드닥터(http://www.funddoctor.co.kr), 한국펀드평가 사이트(http://www.kfr.co.kr)

에서 직접 확인할 수 있다. 오래된 펀드나 비슷한 유형의 펀드의 과거 수익률도 점검하여 펀드사들의 수익률이 시장 상황에 맞게 꾸준히 유지되는지도 살펴볼 필요가 있다.

넷째, 가입 후에도 펀드 운용상황을 꾸준히 점검한다.

주식이나 채권시장의 흐름을 낙관하고 가입했어도 예기치 않은 돌발 상황이나 시장 악화로 펀드를 조기 환매해야 하는 경우가 있다. 반대로 별로 기대하지 않고 가입했지만 20%가 넘는 수익률이 나왔음에도 이 같은 상황을 전혀 알지 못하고 넘어간다면 어떻게 되겠는가? 펀드는 가입 후에도 반드시 한 달에 1회 이상은 중간 수익률, 투자자산의 운용 현황 등을 점검해야 한다. 전문 운용사와 펀드매니저들이 리스크 관리를 하지만 가입과 환매 시기는 본인 스스로 결정해야 하므로 이를 위한 중간 점검은 필수적인 간접투자 요령의 하나이다.

주택 등의 부동산을 활용하는 방법도 있다. 특히 주택은 주택연금을 통해 노후자금으로 활용할 수 있다. 또 소형 주택 임대사업을 통해 일정 세를 받을 수도 있다. 경매와 전원주택이나 펜션의 투자도 요즘 각광받는 은퇴 준비 자금으로 떠오르고 있다. 무엇보다 중요한 것은 충분한 사전조사를 바탕으로 한 신중한 선택일 것이다.

주식이든 부동산이든 공부가 먼저

은퇴 이후 시작한 사업이 생각보다 잘되지 않아 경제적으로 어려움을 겪고 있을 때, 사업자금의 반전을 모색한다는 의도로 시작한 주식투자 역시 실패하고 말았다. 당시 필자의 가정경제는 말로 표현하기 어려울 정도로 어려웠다.

주식투자는 생전 해본 적도 없으면서 '남이 하니까 나도 해야지'라는 생각으로 접근했던 게 화근이었다. 나는 그때의 경험을 바탕으로 주식투자는 전문가에게 의뢰하는 간접투자가 좋다는 사실을 깨달았다.

주식을 하는 소위 개미들은 자신이 준전문가 수준이라고 생각한다. 증시에 대한 해박한 지식과 전문가 못지않은 정보와 차트 분석을 자랑한다. 또는 주식을 막 시작하는 사람들은 자신이 돈복이 있거나 운이 좋다고 여기는 경향이 있다. 이는 모르는 사람에게 돈을 건네주는 것보다 더 바보 같은 생각이다. 전문가와 상담한 후 적당한 상품에 가입하는 것이 가장 간단하고 안전한 일이다.

주식투자로 노후자금을 직접 관리하느라, 증권회사 객장에 하루 종일 앉아 있는 노년층을 자주 본다. 참 안타깝다. 혹 그들 중에 주식투자를 위하여 전문가 교육을 6개월만이라도 받은 사람이 있을까? 나 자신도 이미 말했듯이 얄팍한 경제지식을 기반으로 주식에 투자하여 많은 실패를 맛보았지 않은가. 문제는 대부분의 개인투자가들이 나와 같은 과정을 밟는다는 것이다. 자기는 이미 선수인데 6개월씩이나 공부할 게 뭐 있느냐는 식이다.

소 잃고 외양간 고치듯, 투자할 돈이 없으니 마침내 철이 든다. 직접투자활동을 하려면 6개월 이상은 정통으로 공부해야 한다. 만일 직접매매에 참가하는 개미투자가가 되는 즐거움을 맛보고 싶으면 그 수단이 증권분석사 과정이든 무엇이든 마찬가지란 생각이다.

언론에 공개된 자료에 의하면 우리나라 은퇴자의 자산 중 부동산 비율은 74% 정도이다. 미국과 유럽은 35%, 일본은 45% 수준이라고 한다. 모든 부분에서 선진국화되어 가는 우리나라의 경제현실을 감안할 때 은퇴자의 부동산 보유 비율 인하는 불을 보듯 명백하다. 그것이 가계부채 완화 문제에서 점화되든, 대형평형의 아파트가격 하락에서 촉발되든 필연적인 결과라고 한다.

필자는 이러한 시대의 도래에 대비하여 민간 부동산자산관리사 교육이 진행되고 있음을 알게 되었다. 새 시대에 맞는 이런 교육을 이제 자산관리 측면에서 공부할 필요가 있다. 실제로 매기 3개월 과정으로 성황을 이루고 있는 교육참가자들 가운데, 자격증에 관계

없이 순수 민간 투자자로서 공부하는 사람이 40% 이상이나 되었다. 이제는 모든 분야에서 공부로 전문성을 키우고 투자하는 시대가 된 것이다.

자녀에게 은퇴자금 안 물려주는 방법

IT회사의 개발이사인 C씨(48)는 평소 한국의 과도한 사교육비가 불만이었다. 고심 끝에 C씨는 대학 2학년인 아들과 고2인 딸을 불러 놓고 중요한 얘기를 꺼냈다.

"지금부터 아빠가 하는 말 잘 들어봐라. 너희도 알겠지만 우리 집 형편은 아주 좋거나 나쁘지도 않은 한국의 평균 수준이란다. 아빠는 오늘 너희들 앞에서 중요한 결정을 내리려고 한다."

아이들은 생각보다 덤덤한 표정으로 C씨의 말을 기다리고 있었다.

"아빠와 엄마는 지금부터 은퇴생활을 준비하지 않으면 안 된다. 그래서 말인데 현재 우리 집 형편으로는 너희들이 대학교를 졸업할 때까지만 뒷바라지를 할 수 있어."

그리고 C씨는 노후에 생활할 돈을 마련하지 못하게 되더라도 아이들에게 짐이 되는 일은 없을 것이라고 덧붙였다. 처음엔 무슨 말인지 몰라 의아해하던 아이들도 아버지의 말이 무엇을 의미하는지 깨닫고는 고개를 끄덕였다. C씨 부부는 앞으로 자녀교육비를 효과적으로 책정하는 한편 자신들의 노후자금을 준비할 수 있어 다행이라고 생각했다.

우리나라 부모들은 자식들의 교육을 위해서라면 어떤 것이라도 희생할 각오가 되어 있을 만큼 유독 자녀교육에 강한 책임감을 가지고 있는 것이 사실이다. 학비, 학원비, 유학비, 대학등록비, 결혼자금, 심지어 자녀의 주택 마련 비용에까지 가정경제를 모두 쏟아 붓는다. 사정이 이러하다 보니 거의 20년에 가까운 기간을 자녀교육에 몰두하게 되고, 결국 자신들의 노후자금을 따로 마련하기가 말처럼 쉽지 않은 것이다.

사랑하는 자녀가 은퇴 이후의 당신을 부양해야 한다고 가정해보자. 대학을 졸업하고 취직을 해서 경제적인 활동을 시작한다고 했을 때, 최소 25년은 부모님을 부양하는 데 시간을 보내야 한다. 과연 그러한 자녀들이 사회적으로 성공할 수 있을까?

진정으로 자녀의 성공을 바란다면 노후자금을 하루라도 빨리 마련해 두어야 한다. 이것이 바로 진정으로 자녀를 위하는 방법일 것이다. 은퇴자금 준비는 부부만을 위한 것이 아니다. 소중한 자녀의 미래를 위한 것이기도 하다.

소득 20%를 부모에게 환급하는 신세대 문화

한국적 현실을 반영한 신세대 문화 이야기라 새롭다. 청년층 일자리가 모자라고 기껏 취업해도 88만 원 세대로 몰리고 있는 이 시대 자녀가 소득 20%를 부모에게 환급하고 있는가 싶어 놀라기 쉽다. 아니다. 양극화되어 있는 청년취업시장에서 대기업 등에 안정적으로 취업한 경우의 이야기라 놀랄 일은 아니다.

대기업 등에 정직원으로 취업했다면 누구의 노력이었든 잘 키운 자녀에 해당한다. 이제는 '개천에서 용 나기 힘들다'는 인식에서 볼 때, 이런 경우엔 부모의 재력도 좋은 편이어서 취업한 자녀가 부모에게 본인 교육비를 환급할 필요성이 별로 없으리라는 생각이 든다. 그런데 의외다. 자녀를 잘 키워 좋은 직장을 얻게 한 부모일수록 자녀에게 소득의 20%를 부모의 노후자금으로 당당하게 요구하며 많은 자녀들이 이를 수용한다고 한다.

아들도 아니다. 취업을 잘한 잘나가는 딸을 둔 친구들 이야기를 하겠다. 한 친구의 딸은 결혼하면서, 자기 소득의 일정액을 매월 친정에 자동이체하기로 하는 조건(?)으로 결혼약속을 하였다고 한다.

실제로 잘 실행되고 있는데 그 부모가 생활이 어려운 것도 아니다. 또 다른 친구의 딸은 미혼으로 초등학교 교사인데 매월 40만 원씩을 아빠의 용돈으로 지급하고 있다. 엄마는 일이 있으니 용돈 드릴 필요가 없단다. 그러나 엄마에게는 본인의 주거비 명목으로 지급되는 일정액이 있단다.

딸들 이야기뿐이 아니다. 소기업을 갓 벗어난 중기업에 다니는 아들 하나 만 둔 친구가 말한다. 자기는 아들과 협상을 마쳤단다. 앞으론 아들 소득의 20%를 결혼 유무에 관계없이 지급받기로 했다며, 이것이 현실이란다. 현실적 방안을 세우고 실천하는 것이 바로 신세대 흐름이란 생각이 든다.

우리는 흔히 오늘의 베이비부머 세대를 낀세대라 부른다. 부모는 봉양해야 하지만 자녀에게서는 봉양받지 못하고, 국가의 노후연금 시스템에 의지하기에도 빈약한 세대임을 말한다. 언론에 공개되는 자료에 의하면 현재 낀세대로 분류되고 있는 베이비부머들의 경제적 노후준비율이 30%를 조금 넘는다고 발표하고 있다. 이것을 신세대인 자녀들이 인식하고 해결하려는 것일까? 자신의 교육비 때문에 노후 준비에 소홀할 수밖에 없었던 부모의 현실을 인식하는 것일까? 아니면 뺏어갈 건 더 뺏어가더라도 자기가 장래에 해야 할 도리는 미리 습관화, 제도화해 놓아야 실천이 확실하다는 신세대다운 쿨한 태도일까? 국가적 노후보장시스템이 극히 빈약한 우리나라 현실에서 새로운 인식이자 합의의 움직임이라는 생각에 흐뭇하다.

20%라는 몫, 금액 또한 절묘하다. 팔레토의 법칙도 아니니 어떤 사회학이론을 접목할 수도 없을 텐데 친구의 표현이 재미있다. 20%? 딱히 거절하기 어려운 조금은 부담 가는 몫이라서 모두에게 좋단다. 자녀를 좋은 직장에 취업시키려는 부모들의 본능적 욕심에, 실익까지 하나 더 생겼으니 대기업의 취업 경쟁력은 더욱더 심해질 수밖에 없겠다는 생각이 든다.

휴식과
새로운 출발

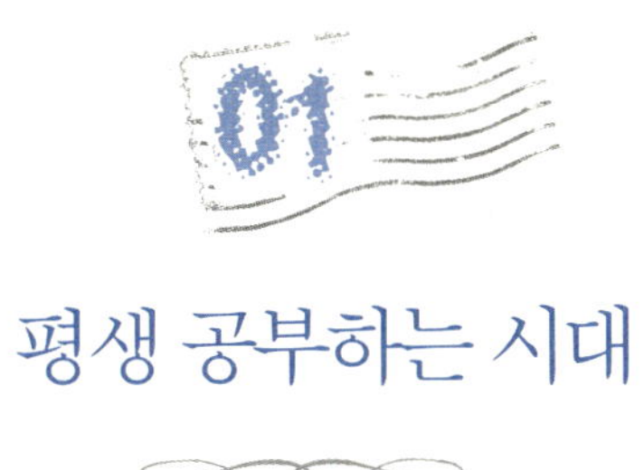

평생 공부하는 시대

러다이트 운동과 인적 네트워크

1811년부터 1817년 사이 영국에서 발생한 기계 파괴운동(러다이트 운동)은 가내 공업과 수공업의 숙련 노동자들이 기계의 도입으로 일자리를 대거 잃게 되면서 촉발되었다. 손으로 만든 제품이 기계화된 기업의 제품과 경쟁할 수 없게 되자 노동자들의 삶이 더욱 빈곤해졌기 때문이다. 그들은 공장 건물과 상품 창고를 파괴하고 기계를 부수며 폭동을 일으켰다. 이 운동은 1817년부터 1823년 사이에 프랑스로도 확산되었다.

끊임없는 기술혁신과 첨단과학의 발달로 21세기의 인간은 가히 기계혁명의 시대를 살고 있다고 해도 과언이 아니다. 제조업, 유통업, 서비스업, 마케팅 등 모든 부문에서 기술혁신이 계속적으로 이루어지고 있다. 아이러니하게도 최첨단 기술을 탑재한 기계들은 인간이 만들지만, 기계의 발달을 따라가지 못하는 것 또한 인간이다.

특히 은퇴 이후의 사람들 대부분은 기계의 발달과는 무관한 삶을 보내고 있다. 물론 기계의 속도를 우리가 굳이 따라갈 필요는 없다. 하지만 인간적 삶을 구현할 수 있는 사회를 만들기 위해서는 최소한 시대의 흐름은 감지하고 있어야 한다.

나이가 들수록 세상은 점점 좁아진다. 주변에 만날 수 있는 사람들의 수도 줄어들고, 정보력도 떨어지고, 할 수 있는 일도 점점 줄어든다. 은퇴를 하고 나면 더더욱 그렇다. 사정이 이러하다 보니 집에만 콕 박혀 생활하는 것이 오히려 편하다고 스스로를 위안하는 사람들이 많다. 이는 결코 옳지 않다. 그럴수록 집에만 있을 것이 아니라 친구든 옛 동료든 적극적으로 만나야 한다. 자신만의 네트워크를 형성하여 시대 흐름에 대비할 수 있어야 한다.

김무곤 교수는 『NQ로 살아라』에서 인적네트워크의 중요성을 거듭 강조하고 있다. 인적네트워크를 유지하거나 발전시키려면 새로운 교육과 사회활동에 참여해야 한다. 현재 우리나라에는 50세 이후 은퇴자를 위한 사회교육프로그램이 많이 개발되어 있다. 박물관대학, 문화해설사교육, 실버귀농교육 등 종류도 매우 다양하다. 봉사활동도 하나의 방법일 수 있다.

우리나라가 고령화 사회로 급속히 변화되는데 따른 사회보장제도의 일환으로 시니어를 위한 평생교육프로그램이 계속 개설되고 있어서 절실한 마음으로 찾기만 하면, 누구나 자기 형편에 맞는 교육프로그램을 1년 내내 거의 무료수준으로 선택할 수 있다.

Tip 추천할 만한 사회교육 프로그램

1. 서울대학교 사회과학대학 시민교양강좌(http://pub-edu.snu.ac.kr)
교육기간 2개월이다. 필자가 직접 수료한 교육으로 누구나 선착순으로 참가 가능하다.
2. 국,공립 도서관 문화강좌
도서관은 더 이상 책만 읽는 곳이 아니다. 특히 시니어를 위한 각종 사회교육프로그램이 많이 개설되어 있고, 수강료는 거의 무료에 가깝다.

자격증 공부와 행복 예약

현재 청년실업은 가장 먼저 해결해야 할 사회적 과제이다. 상대적으로 4050의 일자리 문제는 도외시되고 있는 게 사실인데, 사실 이것은 청년실업보다 더 심각한 문제일 수 있다.

청년실업은 지금까지 투자한 교육자원에 대해 보상하는 개념으로, 일자리를 통해 그들의 미래를 설계해주는 일종의 사회적 책임이라 할 수 있다. 그러나 4050의 경우 그들의 일자리는 당장의 가계생계와 직접적으로 연관된다. 그들 대부분은 자녀의 학업을 책임져야 하고 본인들의 노후도 준비해야 하기 때문이다.

"선배님, 저 이번에 자격증 하나 땄습니다."

"어, 축하해. 그런데 지난번에도 따지 않았나?"

"지난번은 물류관리사 자격증이고요. 이번에는 경영지도사 자격증입니다."

나와 나이는 같지만 대학을 늦게 다닌 S씨는 늘 나를 선배님이라고 부르며 깍듯이 대한다. S씨는 재작년에 다니던 회사를 은퇴하고 2년째 자격증 공부만 하고 있다. 내가 알고 있는 것만 해도 벌써 세

번째 자격증이다.

"뭐든 따 두면 좋다고 말씀하셨지요? 앞으로 1개만 더 딸 계획입니다."

은퇴 이후 자격증 공부를 시작하면서 S씨는 이것으로 창업 아이템에 좀 더 전문적으로 접근할 수 있겠다는 생각이 들었다고 한다. 그는 도로교통평가사에 도전해 1인 창업을 할 계획이다.

새롭게 무엇인가를 도모해 보아야 할 대부분의 4050은 특별한 자격증이 있는 것도 아니고, 평생 일해 온 분야의 전문지식조차도 새로운 사회에선 경쟁력이 별로 없는 경우가 대부분이다. 그렇다고 전문성을 갖춘 취미생활이 있는 것도 아니다.

그나마 위안은 명예퇴직금을 포함한 목돈이 조금 있다는 것인데 이것도 중견기업 이상 다녔을 때 이야기이다. 목돈이 있으면 집에서 놀고 있는 아버지의 모습을 보여주기 싫어서, 아내가 보이지 않게 독촉하는 내심의 압력에도 견딜 자신이 없어 서둘러 사업을 시작하게 되는데, 이것이 문제 발생의 출발점이 된다. 새로운 사업을 시작하기 전 최소 1~2년은 여유롭게 생각하고 준비를 해야 하는데 그 기간 없이 출발하게 되는 것이다.

은퇴 후 1~2년 동안 새로운 구상을 할 수 있는 숙성기간으로 S씨처럼 자격증 공부를 하는 것보다 더 좋은 것은 없다. 자격증 공부를 하게 되면 유익한 점이 한둘이 아니다. 자격증은 내가 평생 일하던 분야에 관계된 것이면 좋겠지만 이에 크게 연연할 필요는 없다고 생각한다. 또한 열심히 공부하였지만 자격증을 취득하지 못해도 좋다.

평생 일하던 분야의 자격증을 따겠다는 목표를 세우면 그 과정에서 지금껏 해온 일을 체계적으로 정리할 수도 있고, 전문지식의 밀도를 높일 수도 있다. 따라서 자격증 취득과 관계없이 그 분야에서 쉽게 일자리가 만들어지기도 한다. 회사에서 경리업무를 오래 해왔던 퇴직자가 세무사 공부에 도전하는 것과 같다.

무엇보다 자격증 공부를 시작하면 그 기간 동안, 퇴직자가 겪어야 할 각종 사회적 위험이나 창업 위험으로부터 탈피 또는 해방되어서 좋다. 그리고 자격증 취득에 실패하여도 가족과의 관계가 좋아지고 본인에게는 자기를 설계하는 시간을 벌게 되어 퇴직 후 강박관념 속에서 창업 등의 섣부른 의사결정을 할 가능성에서도 해방되어 아주 지혜로워진다. 부인과의 관계에서도 공부하는 남편, 준비하는 남편 등으로 대응할 수 있어서 은퇴 후 자칫 위험해지기 쉬운 부부관계 설정에 있어서도 최고의 위기관리 수단이 된다.

퇴직하는 시기 전후가 가계의 입장에서는 자녀교육비 등으로 금전적 소요가 가장 많은데 어떻게 1~2년씩 공부나 하고 있을 수 있느냐고 반문할 수 있다. '급할수록 돌아가라'는 속담이 있다. 퇴직후 1~2년간의 공부하는 시기를 위하여 가장 알맞은 속담이라 생각한다. 이 기간 동안에 얻게 되는 지혜가 있다. 몸 낮추어 살아가는 지혜, 위험 부담 없이 설정할 수 있는 새로운 삶의 목표를 발견할 수 있다는 점이다.

자격증은 각종 기술 분야를 제외하더라도 노무사, 경영지도사, 사회복지사, 주택관리사, 공인중개사 등 잘 알려진 것과 도로교통사고감정사, 국제무역사와 같이 생소한 것도 있으며, 손해사정사, 법무사, 관세사, 감정평가사, 회계사, 변리사 등 어려운 시험을 통과해야 하는 것들도 있다. 이처럼 자격증은 공인과 민간 자격증을 합쳐 그 종류가 수없이 많다.

금융기관 지점장(부장)급 이상의 경력을 가졌다면 '경영자총협회'에서 운영하는 '법정관리인·회생전문가 양성과정'을 다니는 것도 좋다. 기업이나 공기관의 비교적 상위 직위에 있었다면 법정관리는 물론 회계부문이나 중소기업 경영 지도를 위한 '한국생산성본부'의 교육과정에 참여할 수도 있다. '한국산업인력공단'에서는 경영지도사과정을 상설 운영하고 있다. 폭넓은 경영지식을 익히기 위하여 꼭 참여해볼 만한 과정들이다.

봉사와 사회참여에 관심 있는 사람은 시대적 요구에 따라 새롭게 만들어지고 있는 많은 민간자격증 중에서 피해상담사, 노인심리상담사, 청소년의 경제교육을 위한 경제지도사 같은 자격에 도전하여 볼 만하다.

필자는 필요할 때만다 자격증을 취득하는 편이다. 70년대 후반에는 그 시절의 유행에 따라 상공부장관이 수여하는 무역사 자격증을 땄다. 너도 나도 영어를 잘하고, 무역자유화 수준이 높아져서 이제는 전혀 소용없게 된 자격증이다.

직장에 있을 때는 업무와 관련하여 1종 손해사정사 자격을 취득한 바 있다. 이것도 업무를 떠나오니 소용이 없는 자격증이 되었다. 그런데 노후에 필요한 자격증 공부에 한 2년쯤 투자해보라고 독자에게 권고하려니 솔선수범이 필요해졌다. 그래서 내 나이로 봐서는 준고등고시(?)라고 호들갑스럽게 인용되고 있는 공인중개사 시험에 2011년 10월 23일에 응시해보았다.

한 9개월 정도 공부하며 가족이 날 대하는 분위기, 공부하고 있는 4050에 대한 사회적 분위기를 체크해보았다. 결론은 위에 써놓은 대로이다. 내 주장에 따라 혹 공인중개사 공부를 시작하겠다는 분을 위하여 공부했던 학원 이름을 밝히지 않을 수 없다. 사실 나의 사무실이 강남역 근처라 아무 정보도 없이 인터넷검색으로 찾아간 곳인데 운 좋게도 전국 최고란다. 학원 하나도 이렇게 운영해야 경쟁력이 치솟겠구나 하고 감탄하고 또 고마웠기에 그 마음을 담아 추천한다. '강남새롬행정고시학원'이다. 자세한 것은 인터넷을 참고하기 바란다.

사고를 넓히면 보이는 자격증

- 앞에서 소개한 서울대학교 시민 교양대학(2개월 과정)에 참여하여 만난 지인이 소장하고 있는 자격증에 관한 이야기다. 그는 60을 훌쩍 넘긴 노신사로 한창 시절엔 우리나라 굴지의 호텔에서 총지배인을 하기도 한 사람이다. 그런 만큼 인물도 좋고 매너도 좋고 모든 부분에서 수려하다. 그런데 그는 요즈음 장례지도사로서 망자의 시신을 화장해주는 봉사, 소득 활동을 하고 있다고 한다. 이런 자격증도 있구나 하는 생각에 물었더니 초급대학에 전공으로 다루는 학과도 있다고 한다. 눈 크게 뜨고 살펴서, 노년에 맞는 평생 쓸 만한 자격증 하나 도전해 볼 만한 일이다.

- 우리나라도 공식적인 이주노동 외국인만 70만 명이 넘는 시대가 되었다. 이들에게는 국내 거주에 따른 각종 업무와 생활법규체계를 잘 이해하고 있는 행정사가 필요하다. 공무원 경력이 있는 한 후배는 최근에 이들을 주요 대상으로 하는 행정사 자격을 취득하여 그들이 많이 거주하고 있는 부천지역에 사무실을 냈다. 그는 요즘 일하는 즐거움과 보람을 함께 느낀다고 한다. 지금까지는 공무원 경력자만 행정사 자격을 취득할 수 있었다고 한다. 그러나 특히 외국인 근로자를 위한 행정수요가 많아진 점을 감안하여 2013년부터는 민간인도 자격을 취득할 수 있도록 개방되었다. 시험은 한국산업인력관리공단에서 대행하는데 벌써부터 국가자격증취득 전문학원에서는 시험 준비 홍보에 바쁘게 나서고 있다.

공격적인 재교육 참여

　직장생활을 그만둔 화이트칼라들이 해외여행 다음으로 가장 많이 하는 일은 무엇일까? 필자가 관찰한 바에 따르면 전국에 산재한 박물관대학에 등록하는 일이다. 서울에 있는 국립중앙박물관대학은 30년이 넘는 역사를 갖고 있으며 그 밖에 서울대학교 박물관대학, 서울시박물관대학, 주택박물관대학 등 수를 헤아릴 수 없을 정도로 많다.

　수명이 길어지면서 모든 사회인이 평생교육의 대상이 되었다. 그렇다면 사회에 제2조직인으로 새 출발하는 사람은 무엇을 배워야 할까? 필자는 이러한 생각으로 여가학대학원도 두드리고, 기술신용보증기금의 창업학교, 서울대학교의 사회인 재교육 프로그램에도 참여해보았다. 내 주위에는 실버 평생교육, 건강관리와 취미를 위해 참살이농업교육을 받고 있는 사람들도 있다.

　실패 없는 2nd Life를 위한 준비는 곧 공부하는 것이다. 이 점은 아무리 강조해도 지나치지 않는다. 앞으로 20년 이상은 활동해야 하는데 고작 2~3년도 투자하지 않는다면, 짧은 제1기 직장생활의 문을 두드리기 위하여 학창시절에 투자한 기간과 땀을 비교해볼 때 앞뒤가 전혀 맞지 않는다.

더욱이 시니어 시절의 학습은 취미와 연결된 경우가 대부분이어서 그 자체가 즐거움이 된다. 또한 동사무소, 구청, 대학교, 사회교육기관에서 각종 시니어복지형 교육기회를 풍부하게 제공하고 있다. 그러나 안타깝게도 이러한 교육들이 크게 활성화되지 않는 것 같다. 아직 우리나라의 시니어들이 순수하게 그러한 배움의 즐거움에 빠지기에는 경제적 노년준비를 충분히 할 수 없었던 게 중요한 이유가 된다. 만일 귀하가 고민이 해결된 30% 안에 해당한다면 '평생배움'의 기쁨에 빠져볼 일이다.

서울대학교 경영대학의 조동성 교수는 말한다. 서울대학교 경영대학의 자랑인 최고경영자과정(AMP)의 인기가 예전에 비하여 현격하게 줄어든 반면 음대, 미대, 건축학과 등에서 주관하는 CEO과정은 입학이 훨씬 어려워졌다고 한다. 아마 서울대 이 외의 다른 대학들도 마찬가지일 것이다. 전문 분야의 지속적인 정보습득, 인맥교류, 지식보완, 감성강화가 시대적 흐름이기 때문이다. 막연한 경영 CEO과정만으로는 시대적 수요에 맞춤형 서비스를 제공하기 어렵게 되었다는 말이다. 이는 즉 성공한 시니어들의 사교와 재교육의 현장이 분야별 전공으로 보완되고 있다는 이야기다.

평소에도 뉴스기사보다 광고를 더 눈여겨보는 나는 시니어를 위한 LOHAS 교육, 새로운 콘셉트의 CEO학생 모집광고를 한 신문에서 보게 되었다. 조동성 교수의 날카로운 시대적 지적(전문콘셉트와 감성터치)을 교육비즈니스화한 광고라 기억에 남는다. 공격적인 재교육에 가장 적합한 콘셉트라 생각되어 지난 광고 카피를 지면에 옮긴다. 우리나라에도 이러한 교육의 장이 확대될 수 있도록 좋은 계기가 되었으면 좋겠다.

Tip **배 속에서부터 은퇴준비를!**

G7 – ACADEMY CEO FORUM에서 100세 인생의 새로운 길을 안내합니다.
세부 커리큘럼은 인터넷에서 'G7-Academy CEO'로 검색 가능합니다.

- 멀리 가려면 돈이 있어야 한다. – 자산관리 프로그램(財而樂)
  포트폴리오를 통한 리스크 관리 및 財테크
- 멀리 가려면 맨파워를 갖추어야 한다. – 역량강화 프로그램(學而樂)
  리더십 함양과 평생교육 평생학습을 통한 學테크
- 멀리 가려면 함께 가야 한다. – 네트워킹 프로그램(人而樂)
  나눔과 배려의 사회적 커뮤니티를 통한 人테크
- 멀리 가려면 쉼이 있어야 한다. – 문화예술 프로그램(休而樂)
  상상과 창조, 인문학적 소양을 통한 休테크

02

기다림의 지혜

정보가 있는 곳에서 커피를 마시자

　은퇴한 기술자는 기술로 풀고, 은퇴한 화이트칼라는 화이트칼라로 풀어야 오래간다. 화이트칼라는 기술이 없는 사람이 아니라 기술의 가치를 높여주는 전문지식을 가진 사람이다.

　필자는 기업보험 전문가로서 새로운 분야에 도전해 보고 싶었다. 기업보험 분야에서 1종 손해사정사 자격증을 가지고 있는 전문가였지만, 평소 해보고 싶었던 일을 시작했다. 하지만 전문성이 없는 분야라 5년이라는 시간을 낭비하게 되었고, 후에 기업보험 분야로 돌아와 보니, 대부분의 지인들은 현역에서 물러나 있거나 보험업무와 무관한 상태였다.

하지만 한결같이 지켜왔던 '내 스타일로 승부한다'는 생각은 바꿀 수가 없었다. 고민 끝에 '나의 전문지식'과 '현업의 후배 전문가 인맥'을 접목시킨 창조적 마케팅기법 즉, 하이브리드 마케팅방식을 생각해냈다. 뜻을 세우고 길을 찾으면 자기가 일생을 바쳐온 분야에서 새로운 길을 어찌 못 찾겠는가?

자신이 평생 종사했던 직업, 전문분야에 회향한다는 마음을 가지고 눈높이와 목표를 낮춘다면 반드시 길은 있다. 끈기와 도전정신 없이 성급하게 혹은 일단 편한 방법을 선택하는 것이 문제인 것이다. '나는 전문성이 부족하다'고 스스로 비하하지 말고 천천히 결정해야 한다. 부족한 전문성은 시간과 노력으로 보충하면서 인내심을 가지고 길을 모색해야 한다. 그러다 보면 문득 잊고 있던 옛 아이디어가 찾아올 수도 있다. 세상은 돌고 돌아 옛 아이디어가 오늘의 지혜로 살아날 수도 있는 법이다.

답답할 땐 차라리 아름다운 산천이 70%인 우리나라의 올레길, 둘레길로 나가자. 걸으면서 건강도 챙기고 사색도 하자. 갑자기 웬 사색이냐고? 걸으면서 정리되는 사색의 내용은 건강에 좋다. 긍정적이고 생산적이라 창의적 아이디어로 연결되기 쉽다. 푸르게 펼쳐진 트레킹 길을 따라 조용히 걷다보면, 집이나 일터에서는 미처 떠올리지 못했던 방향으로 생각이 발전되는 경우가 많다.

새롭게 출발하려는 당신이 만일 화이트칼라 출신이라면 선택의 여지없이 반드시 화이트칼라로 태어나야 한다. 기다려라. 자신을 위해, 가족을 위해, 미래를 위해 천천히 생각하고 기다려야 한다.

기다리면서 공부를 시작하라. 잠깐의 기다림을 참을 수 없어 낯선 분야에 뛰어들면 보람을 느끼는 날보다는 고민하는 날이 더 많아질 것이다. 익숙한 일에서 천천히 길을 찾자!

나는 절대로 평일에 산행을 하지 않는다. 어떤 이는 4050이 돼서 머리도 식힐 겸 건강도 챙길 겸 사람들이 별로 없는 평일에 산행을 한다고 하지만 내 생각은 정반대다. 노는 것도 때와 장소를 가려 남들과 함께할 때 흥이 나는 법이다. 남 일할 때 산에 올라 이루지도 못할 호연지기나 키우지 말고 사람 모이는 시장에 나갈 일이다. 그래야 미래가 있다.

나는 어려운 시절에도 평일엔 강남의 테헤란로를 떠나본 일이 없다. 평일에는 되도록 오전 8시 이전에 집을 나왔고, 저녁은 가능하면 밖에서 해결했다. 점심식사를 누구와 하느냐에 따라 미래가 결정된다고 했다. 산에서 백수들과 함께하는 점심으로 어떻게 미래를 설계할 수 있겠는가?

미래를 설계하기 위해 강남으로 가자. 강남역은 모든 것이 비싸고 사람들로 넘쳐난다. 조용한 대화 장소 한 곳 찾기 힘든 것이 사실이다. 커피전문점은 젊은이들로 넘쳐나며 비싼 커피값을 지불하고도 조용한 대화조차 나누기 어렵다.

그러나 유기농 아메리카노를 1,500원에 마실 수 있는 넓고 조용한 커피숍도 있다. 그곳에서는 노트북으로 비즈니스 브리핑까지 가능하다. 나는 이 운동장 같은 커피전문점에서 늘 손님을 만난다. 지금도 그곳에는 사람을 만나는 4050은 물론 노트북으로 리포트를 쓰고 있거나 업무를 보고 있는 젊은이들이 많을 것이다. 강남역 주변처럼 그 자체가 큰 시장이며 비즈니스 인력이 모이는 곳에서 시간을 써야 한다.

그러나 굳이 강남이어야 할 필요는 없다. 일터 근처에서 진을 펴고 사람을 만나라는 것이다. 구체적인 목표가 세워져 있지 않아도 그 속에서 시간을 보내며 강태공 낚시를 배우라는 것이다. 지성이면 감천이라고 해답이 나올 수 있다.

Tip 이 멋진 카페의 실명을 공개하지 않을 수 없다. 이곳도 대학생들 방학기간에는 엄청 붐빈다. 그래서 이때만은 이용을 자제하는 게 좋다. 강남역 11번 출구 바로 우측 4시 방향에 있는 아이스 베리 카페이다.

New 3D에는 저항하자

"아니, 자네 여긴 어쩐 일인가?"

몇 년 전 어느 날, 만두가게에서 오랜만에 친구를 만났다.

"그래, 정말 오랜만이야. 반가워. 허허, 여기가 내 가게야."

그 친구는 깜짝 놀라는 나를 아무렇지도 않게 바라보더니 그동안의 자초지종은 생략한 채 말했다.

"비록 늦은 나이에 시작했지만 땀 흘려 돈 버는 재미를 이제야 알게 됐어. 요즘 나름대로 재미가 쏠쏠해."

그 친구는 우리나라에서 알아주는 상업고등학교를 졸업하고 남들보다 일찍 은행에 취직해 안정적인 생활을 하고 있었다. 한동안은 은행에서도 잘나가던 친구였다.

"그, 그럼 나 이만 가볼게. 많이 바쁜 것 같아서 말이야. 다음에 또 찾아올게."

오랜만에 만났는데도 불구하고 바쁜 친구를 뒤로 하고 나는 가게를 나올 수밖에 없었다. 한편으론 그 친구가 잘살고 있는 것 같아 보기 좋았다. 그런데 작년에 갑자기 그 친구에게서 소식이 왔다. 만두가게에서 쓰러져 병원에 실려 갔는데 사경을 헤매고 있다는 것이다. 결국 그 친구를 다시는 볼 수 없었다.

그 친구의 죽음은 결국 3D 업종에 함부로 발을 디딘 것이 원인이었다. 상업학교를 졸업하고 주판과 경리장부만 관리하다가 50대 중반에 내력 없이 음식제조업 서비스맨이 되었던 것이다. 그 친구뿐만이 아니다. 요식업이야말로 중노동 산업임을 깨닫지 못하고 쉽게 덤비는 사람들이 많다. 4050에 재취업을 하거나 창업을 하게 되면 대부분은 요식업을 선택한다. 가장 쉽게 접근할 수 있다는 장점도 있지만 그만큼 실패 확률도 높다.

물론 요식업이 나쁘다는 것은 아니다. 자신에게 맞는 사업을 찾아야 하는데도 불구하고 제대로 된 검증절차 없이 무작정 뛰어드는 것이 문제다. 음식점은 안전하게 오래도록 할 수 있는 구조를 만든 후에 시작해야 한다. 특히 육체적으로 훈련이 안 된 은퇴자들은 자칫 무리하게 노동을 하다 보면 예기치 않은 건강상의 문제가 발생할 수 있으니 조심해야 한다.

일류대학을 나와 대기업에 무리 없이 입사한 K씨는 정년을 3년 앞두고 명퇴를 했다. 그리고 그는 지금 하우스 허즈번드(house husband)★로 생활하고 있다.

"명퇴를 하고 나니 특별히 할 줄 아는 것도 없고, 가보고 싶은 곳도 없더라고요. 그전에는 명퇴 이후의 생활에 대해 많이 생각했는데, 막상 닥치고 보니 아무런 생각이 안 나네요."

그는 더군다나 명퇴 이후 사회부적응자처럼 보이는 것 같아 집밖에 나가는 것이 왠지 두렵다고 했다. 그는 주방에서의 일을 제외하고는 거의 모든 집안일을 도맡아서 하고 있었다.

"어디 나갈 때가 그렇게 없어요?"

처음엔 집안일을 해주는 남편이 고마웠던 아내마저 요즘 들어 부쩍 짜증내는 일이 많아졌다.

"집안일을 나보고 다 하라는 거야? 나도 집안에서 이러고 있는 거 싫어. 왜 나한테 짜증을 부려?"

요즘 세대들에게는 하우스 허즈번드가 익숙하겠지만 4050에게는 아주 낯선 일이다. 4050세대가 하우스 허즈번드가 되는 것은 결국 또 하나의 3D업에 빠지는 것과 같다. 현재 각종 신문, TV 등에서는 하우스 허즈번드가 '여(女)권 시대'의 해답이라면서 특집으로까지 다루고 있지만 이는 선동 그 자체이다.

내가 하우스 허즈번드를 거부하는 이유는 앞으로 할 수 있는 일이 많을 뿐 아니라, 나의 가치를 너무 일찍 포기하는 것이기 때문이다.

항상 살아서 움직이고 있는 이 시대 최고의 변화 전문가 구본형

★ **하우스 허즈번드(house husband)** 핵가족의 증가와 페미니즘의 영향으로 아내가 직장에 출근하고 남편이 가정에서 가사와 육아를 돌보는 형태의 하우스 허즈번드가 늘어나고 있다. 미국에서는 1990년대 초부터 '하우스 허즈번드'라는 말이 통용될 정도로 살림하는 남자가 보편화되어 있다.

은 말한다.

"하기 싫은 일은 하지 마라!"

2nd Life를 시작하는 시점에서 변화를 추구해야 할 우리는 전문가의 이 말에 귀 기울일 필요가 있다. 하고 싶지 않은 일은 성과 내기가 어렵고, 좋아서 하는 일이라고 남을 쉽게 이길 수 있는 것은 아니다. 잘할 수 있는 일을 해야 선택받을 수 있다. 또 실패하더라도 상처를 덜 받는다. 만약 잘할 수 있는 일이 명확하지 않거나 조금씩 부족하다면 그중 하나를 선택해서 특출하게 잘할 수 있는 경지에 오르도록 연마해야 한다. 그런 다음에 창업을 하든 재취업을 하든 행동에 옮겨야 한다.

어떤 경우에도 새로운 3D에 빠지지 않길 바란다. 굳이 그 길이 아니어도 또 다른 길이 많다는 사실에 자긍심을 가져야 한다. 체계화된 시스템의 일원으로 근무하던 직장인들이 살얼음판과 같은 사회로 떠밀려나와 부딪칠 수 있는 위험에 대해 다시 한 번 생각해볼 필요가 있다. 늘 인내와 여유를 가지고 재취업의 길이든 창업의 길이든 모색해야 한다. 눈높이를 낮추어 내가 10부 능선으로 키워서 잘할 수 있는 한 가지를 찾아야 한다.

무사안일의 숨은 뜻

　무사(無事)하다는 말은 '별다른 일 없다. 즉 골치 아픈 일이 없다'는 뜻이고 안일(安逸)은 '편안 또는 평안하다'는 뜻을 의미한다. 어휘 자체에 문제가 있다기보다는 무사하고 안일하기만을 바라는 사람의 마음이 문제가 되는 것이다. 이러한 '무사안일주의'를 영어사전에서 찾아보면 어떤 대가(代價)를 치르더라도 평화만을 고집하는 원칙, a peace-at-any-price principle이라 되어 있다.

　현대인들은 '경영혁신'과 같은 말을 늘 가까이서 접해 혁신하지 않은 기업은 곧 망한다고 생각한다. '경영의 도사(道士)'들도 늘 입버릇처럼 언제나 뭔가를 바꾸지 않으면 안 된다는 말을 하고 다닌다. 그 결과 우리 모두는 변화 또는 혁신 강박증 증세에 빠져 지낸다.

　늘 깨어 있어라! 참 멋져 보이는 말이지만, 사실 말장난에 불과하다. 상징적인 표현이긴 하지만 어떻게 늘 깨어있을 수 있는가? 늘 깨어있는 자는 불면증 환자이고 신경증 환자일 뿐이다.

　세상 변화를 감지하고 남보다 한 발 앞서서 흐름을 예측하려 한다면 시시각각 정보를 전하는 인터넷이나 신문을 멀리해야 한다. 그러한 리얼타임 정보는 아주 짧은 시간의 범위 안에서만 효용 가치가 있기 때문이다. 그러한 정보에만 집중하다 보면 정작 큰 흐름을 놓치기 십상이다. 매일매일 작은 변화에 노출되다 보면 오히려 세상이 어떻게 변하는지 감지하지 못할 때가 많다. 이처럼 세상은 역설로 가득하다. 그러니 무사안일 역시 그 속에 대단히 중요한 의미가 담겨져 있다고 하겠다.

"정 이사님은 도대체 하는 일이 뭡니까?"

"그러게요. 매일 출근해서는 뭘 먹을까 고민하다 가시잖아요."

내가 중간관리자로 있을 때였다. 부하 직원들이 얼마 전 새로 부임해온 이사에 대해 불만을 토로했다. 다른 직원들은 야근에 특근도 모자라 주말 업무도 불사하고 있는데 새로 온 이사는 특별히 하는 일 없이 빈둥거린다는 것이다.

"그래도 뭔가 하시는 일은 있겠지."

나는 직원들의 불만을 들으면서도 대수롭지 않게 생각했다. 관심이 없어서가 아니라 일말의 믿음이라는 것이 있었다고 해야겠다.

만일 기업의 임원들 모두가 적극적이고 변화 지향적이라면 그 기업은 얼마 가지 못하고 문을 닫게 될 것이다. 누군가는 정 이사와 같은 역할을 해야 한다는 것이다. 물론 그 무사안일한 임원은 과거 회사에 크게 기여했던 사람이어야 할 것이다. 낙하산으로 날아와

꽂힌 사람이라면 곤란하다. 백전노장의 임원이 무사안일한 자세를 보이는 것에 대해 오히려 든든함으로 받아들여야 한다. 그런 사람의 무사안일함은 무디고 둔함이 아니라 그 역(逆)이라 하겠다. 오랜 세월 속에서 다져진 날카로운 실전 감각과 통찰력이 있기에 작은 변화나 쓸데없는 변화의 필요성을 태연히 무시할 수 있는 것이다. 그러기에 리얼타임으로 전해지는 소소한 변화를 그저 무심한 눈으로 넘길 수 있는 것이다.

이를 생산성의 관점에서 바라본다면 그런 임원들은 모조리 정리해야만 할 것 같지만 그것이야말로 '합리성 근본주의'의 폐단이 되는 것이다. 가령 집안에 계시는 노부모를 보고 밥이나 축내고 있는 무용지물(無用之物)이라 여기는 사람은 없을 것이다. 단순히 생산성의 관점에서만 바라볼 수는 없기 때문이다.

무사안일한 사람들은 욕심이 별로 없다. 한편으로 그렇기 때문에 무사안일할 수 있는 것이다. 욕심 없는 눈으로 그리고 세상을 살아온 경륜의 눈으로 문제를 대한다면 복잡하게 얽혀있는 것이라 해도 아주 단순하게 파악할 수 있기 때문이다. 기업의 할 일 없는 늙은 임원과 연로하신 부모님들이 바로 그러한 값어치를 하고 있는 것이다.

간단히 정리하자. 경험이 많은 사람은 혁신이니 변화니 하는 소리에 그저 '일 없어!' 할 뿐이다. 세상은 힘찬 젊은이도 할 일 없는 늙은이도 모두 필요하다. 음양의 조화라 하겠다. 무사안일도 삶에

있어 대단히 소중한 가치인 것이다. 이러한 깊은 지혜를 세상의 경
험이 나보다 덜한 후배들이 먼저 깨닫기란 어려운 일이다.

나의 건강관리 패턴 만들기

증상이 있는 병으로는 죽지 않는다

은퇴 계획도 완벽하게 세워놓고 돈도 충분하지만, 정작 건강이 나빠 이를 제대로 즐기지 못한다면 무슨 소용이 있겠는가. 은퇴 후 가장 신경 써야 할 것이 바로 '건강'이다. 예기치 못한 위험의 대부분은 건강에 적신호가 켜졌을 때부터 하나둘 다가오기 때문이다. 행복한 은퇴의 기본은 건강한 신체에서 비롯된다.

직장생활 15년차인 A부장(42)은 지방대학을 졸업하고 조직 내에서 자리를 잡느라 많은 고생을 했다. 그의 직장생활은 언제나 긴장의 연속이었다. 그러던 어느 날, 출근길에 뇌졸중으로 쓰러진 그가 병원으로 실려 가는 예상치 못한 사고가 발생하였다. 다행히 사람들의 도움으로 목숨은 구할 수 있었지만 며칠 만에 의식을 회복한 그는 복귀가 걱정스러울 만큼 후유증을 앓고 있다. 가족과 지인들은 그의 갑작스러운 사고를 이해하지 못했다. 흡연과 직장 스트레스는 그렇다 쳐도 못하는 운동이 없을 정도로 건강했기 때문이다. 더욱이 몇 달 전 받은 정기 신체검사에서도 심장의 별다른 이상은 발견되지 않았다.

현대의 의학적 건강관리는 예전과 많은 차이가 있다. 현대의학은 아픈 사람을 완전하게 고치는 '신기의 명의'보다 '건강한 사람을 더욱 건강하게' 하는 예방에 중점을 두고 있다. '증상이 있는 병으로는 결코 죽지 않는다'는 말이 있다. 우리나라의 사망 원인은 암, 뇌혈관질환, 심장질환, 당뇨병 순이다. 이 질병들은 죽음을 가져오거나 남은 삶을 좌우할 만한 치명적 후유증을 남기지만 처음엔 아무런 증상이 없다. 하지만 감기나 요통은 그 증상이 아무리 심해도 죽지는 않는다. 암이 발병하여 증상을 느낄 정도라면 이미 때는 늦은 것이다.

특히 인생 후반의 건강은 40대의 선택에 달려 있다고 해도 과언이 아니다. 중년은 사회적으로는 조기퇴직과 승진 사이에 불안하게 놓여 있고, 자녀 뒷바라지로 등골이 휘는 시기여서 건강을 등한시하기 쉽다. 남은 삶의 질을 결정하는 요인은 경제력이 아니라 건강이다. 따라서 40대부터는 조직적인 '건강 설계'가 필요하다. 가장 큰 이유는 암 등의 심각한 질병이 40~50대에 급증하기 때문이다. 또한 이러한 질병들은 건강하지 못한 생활습관에서 비롯한 '생활습관병'이 많은데, 예방할 경우 효과가 가장 크게 나타나는 시기이기도 하다.

Tip 평소에 체크해야 할 건강 점검 사항

갑작스런 돌연사나 급격하게 건강이 나빠지는 것을 예방하기 위한 건강 점검 사항을 살펴보면 다음과 같다.

첫째, 몸무게를 체크하라. 평상시와 비교했을 때 특별한 이유 없이 체중에 급격한 변화가 생긴다면 점검해야 한다.

둘째, 혈압을 체크하라. 일반적으로 병원에서 혈압을 재면 환자가 긴장하기 때문에 정상보다 높은 수치가 나올 수 있으며, 전날 휴식이나 수면 상태 등에 의해 변화하기 쉬우므로 가정에서 편안한 상태로 측정하는 것이 중요하다. 정상으로 간주하는 120/80mmHg에 비해 140/90mmHg 이상인 사람은 심혈관 질환으로 사망할 확률이 2배로 증가한다고 한다.

셋째, 정기검진을 맹신하지 마라. 특히 단체로 하는 정기검진은 일반적인 사항만 체크하기 때문에 개개인에 따른 관리가 어렵다. 개인적으로 1년에 한 번씩 정밀검진을 받는 것이 좋다.

넷째, 자신의 건강상태를 잘 아는 주치의를 두어야 한다. 어려서부터 꾸준히 진료를 받아온 의사라면 더욱 좋다. 그만큼 내 몸 상태에 대해 잘 알고 있기 때문이다.

일상이 운동이다

꽤 오래전 『아침형 인간』이란 책이 선풍적 인기를 끈 적이 있다. 요즘엔 느리게 살기 운동이 소개되면서 아침형 인간을 비판하기도 하지만, 사실 일이나 공부하는 사람에겐 여전히 아침형 인간이 유리하다고 생각한다.

『아침형 인간』에서는 밤 11시에 자고 아침 5시에 일어나면 6시간을 자더라도 숙면을 하게 되므로 보통 사람이 8시간을 자는 것과 같으며, 따라서 2시간은 이익이라고 말한다. 또 아침 6시 이후의 1시간은 정신이 가장 맑고 이성적이어서 일이나 학업의 효율이 낮의 3시간과 같다는 것이다. 따라서 시간을 잘 활용하기만 하면 하루에 총 4시간을 벌 수 있다고 한다.

나의 2nd Life의 초반은 제1조직인 즉, 신입사원 시절에 해당하는 중요한 시기였다. 체력과 건강을 이유로 많이 게을러진 상태였다. 하지만 생활습관을 바꿔 아침 5시에 기상하니, 하루 4시간을 벌 수 있다는 점 외에도 신체리듬이 자연현상에 순응하게 되어 건강에도 좋았다. 지금도 완전하지는 않지만 아침형 인간으로 사는 제2조

94

직인이 되기 위해 부단히 노력하고 있다. 운명을 바꾸려면 생각을 바꾸면 되고, 생각을 바꾸기 위해서는 습관을 바꾸면 된다.

건강한 삶을 유지하기 위한 기본적이고도 필수적인 조건은 규칙적인 운동뿐이다. 그리고 운동을 생활의 일부분으로 만들어야 한다. 운동이 중요한 건 알지만 시간이 없다는 이유로 미루는 사람들이 있는데 걱정하지 말자. 인류는 원래 운동이라는 걸 따로 하지 않아도 될 만큼 사는 것 자체가 운동이었다. 사냥감을 찾기 위해 열심히 달리는 원시인과 월급을 받기 위해 일하는 현대인이 다를 게 무엇인가? 단지 운동할 시간이 없는 것이 아니라 운동하는 방법을 모르는 것뿐이다.

현대인들의 건강을 위협하는 요인 중 하나는 먹는 만큼 소비하지 않기 때문이다. 그만큼 살이 찌고 지방이 늘어나면서 몸 여기저기에 이상이 생기는 것이다. 여기서 가장 좋은 방법은 자신에게 필요한 운동을 선택하여 가정이나 직장에서 생활의 일부분으로 생각하고 규칙적으로 실천하는 것이다.

얼마 전 TV에서 집에 있는 소도구들을 이용해 살을 뺀 주부의 이야기가 방영되었다. 운동은 헬스장과 같이 장소를 정해두면 그 효과가 미미하다. 헬스장에 갈 시간에는 반드시 중요한 약속이 생기게 마련이다. 그러다 보면 3개월, 6개월 등록을 하고도 며칠밖에 나가지 못한다. 운동을 일상생활에서 실천해야 한다. 승강기나 에스

컬레이터 대신 무조건 계단을 이용하거나 점심 후 30분 걷기 등 편
하고 쉽게 할 수 있는 나만의 운동규칙을 세워 실천하는 것이 훨씬
효과적이다.

윤방부 교수의 제안

각종 설문조사에서도 나타나듯 은퇴 이후에 대한 가장 큰 고민 가운데 하나는 건강이다. 물론 건강한 육체가 하루아침에 만들어지는 것은 아니다. 평소에 꾸준히 관리하는 것만이 왕도다.

연세대학교 의과대학 가정의학과 윤방부 교수가 제안하는 은퇴 후 건강관리법의 7가지 원칙을 소개한다. 윤 교수는 은퇴에 대하여 "육체적으로 늙는 것과는 달리 사회적으로 일선에서 물러나는 것이기 때문에 정신적인 문제가 나타날 수 있다"고 지적했다. 은퇴는 끝이 아니라 새로운 삶의 시작이라는 관점에서 꾸준히 자기관리를 해야 한다.

1. 과부하가 될 만큼 운동하라.

약간의 과부하가 느껴질 정도의 유산소 운동이 좋다. 여기에는 원칙이 있다. 220에서 자신의 나이를 빼면 최대 맥박수가 나오는데, 그 수치에서 60~80% 수준으로 운동을 하면 된다. 가령 50세 성인의 최대맥박수는 220-50=170이 된다. 170의 60%인 102

회부터 80%인 136회 수준까지 운동하면 된다. 단 당뇨나 고혈압, 심장병 등이 있는 사람들은 건강한 사람의 3/5 정도로 운동하는 것이 좋다.

2. 6S원칙을 지켜라.

운동할 때 지켜야 할 원칙 6가지가 있다. 신발(shoes), 속도(speed), 강도(strength), 표면(surface), 구조물(structure), 이완(stretching)이다. 운동을 할 때에는 좋은 신발을 신어야 한다. 맨발은 발바닥 신경을 죽게 하거나 다칠 염려가 있다. 걷는 경우 속도는 시속 6.5킬로가 좋고 시간은 한 시간 정도가 적당하다. 표면은 잔디나 흙이 좋으며, 운동 전후에는 반드시 스트레칭을 해야 한다.

3. 음식을 골고루 먹어야 한다.

음식 종류는 구별하지 말고 골고루 적당히 먹되, 간식은 피해야 한다. 당뇨와 비만이 올 수 있기 때문이다. 속칭 정력제 등의 검증되지 않은 약물과 맵고 짠 음식은 피해야 한다.

4. 술은 적당히 마신다.

하루 기준으로 위스키나 포도주 두 잔을 두 시간 동안에 먹는 것이 가장 좋다. 이는 식욕과 소화를 돕고 기분을 좋게 한다. 맥주는 두 캔, 소주는 가장 작은 잔으로 네 잔이 적당하다.

5. 담배는 무조건 끊어야 한다.

나이와 무관하게 담배는 무조건 끊어야 한다. 자기뿐 아니라 남에게도 해롭다.

6. 잠을 적당히 자야 한다.

은퇴 이후 생각이 많아지면서 쉽게 잠을 이루지 못하는 경우가 있다. 이때 약을 복용하거나 의사의 도움을 받는 것에 대해 두려워할 필요가 없다.

7. 검증되지 않은 도사들을 믿지 말자.

과학적으로 검증되지 않은 각종 치료법이나 도사들을 믿어서는 안 된다.

은퇴 이후 몸과 마음이 약해지면서 남의 말에 휘둘리거나 상처받기 쉽다. 건강한 몸 관리도 중요하지만 올바른 마음가짐도 중요하다. 즉, 정신건강도 중요하다는 이야기다. 4050세대는 정신적인 상실감이 다른 세대에 비해 크게 발생한다. 상실감을 덜기 위해서는 사소한 것이라도 은퇴 후 무엇을 할 것인지 미리 계획을 세우는 것이 좋다. 여행이나 평소 배우고 싶었던 것을 가족이나 동료와 함께 하는 것이 좋다.

"이번 주말 공기 좋은 곳으로 걷기여행 가는 것은 어때?"

개인적인 사정상 먼 곳으로 가는 것은 불가능할 것 같아 가까운 북한산 둘레길을 거닐고 내려오면서 막걸리나 한잔 할 생각으로 친구들에게 사통팔달을 돌렸다. 몇몇 친구들이 합세하기로 했다. 나는 마지막으로 친구 L에게 전화를 걸었다.

"그래? 좋긴 한데, 나는 그날 마라톤 대회가 있어."

그 친구는 몇 해 전부터 마라톤에 푹 빠져 있었다.

"걷는 건 노인들이나 하는 거잖아. 자네도 이참에 마라톤으로 바꿔."

그 친구와 통화를 끊고 한참을 생각했다. 마라톤처럼 격하게 몸을 움직여야만 운동이 되는 걸까?

나는 걷는 것으로 운동을 대신한다. 나이가 들수록 규칙적인 운동이 필요하지만 시간관리가 잘 안 되고 재미도 없어 헬스장 대신 잠실나루역에서 집까지 1시간 20분 동안 걸어서 퇴근한다. 올림픽공원을 끼고 흐르는 성내천은 우리나라의 아름다운 하천 100선에 포함되는 하천이다. 세계적으로 유명한, 독일 하이델베르그시에 있는 철학자의 길도 네카강을 따라서 나있다. 물가를 따라 걷는 길은 경관도 아름답지만 산소가 많아 건강에도 좋으며, 걷는 이를 자연스럽게 사색의 시간으로 이끈다. 4050에게는 건강관리는 물론 사색하는 생활도 필요하지 않겠는가.

요즘은 걷기열풍에 이어 트레킹여행도 유행이다. 개인적으로 트레킹을 추천한다. 등산은 운동도 많이 되고 정상 정복의 큰 기쁨을 안겨 주기는 하지만, 50대는 다리 관절을 신경 써야 할 만큼 적지 않은 나이이기 때문이다.

마라톤 역시 마찬가지다. 운동 역시 즐겁게 할 수 있어야 효과적이다. 마라톤을 하는 사람들은 극한의 고통을 견디는 과정에서 희열을 느낀다고 한다. 그 희열을 맛보기 위해 마치 마약에 중독이 된 것처럼 하루라도 뛰지 않으면 불안한 사람들도 여럿 봤다. 바로 운동중독이다. 어쨌든 나는 운동 역시 여가의 한 방편이라고 생각하기 때문에 편안하고 여유 있는 걷기를 더 선호한다.

요즘 잘 알려진 제주도 올레길, 지리산 둘레길, 북한산 둘레길 등은 모두 트레킹길이다. 이 길 외에도 변산반도 마실길, 관동별곡 800리길까지 트레킹할 수 있는 곳은 무궁무진하다.

역사·문화 트레킹 모임

• 서울대학교 우리문화답사회(http://cafe.daum.net/ourcul)
누구나 참여할 수 있다. 토요일 당일 여행지에 대한 답사자료만 소책자로 한 권이다. 한마디로 스토리텔링 여행클럽이다.
• 여행자 클럽(www.tc1.co.kr)
반드시 가벼운 트레킹을 수반한 여행을 한다.

03

여가생활의 시작

다양한 라이프 스타일

인생은 롤러코스터와 같다

인생은 롤러코스터와 같아 우여곡절이 많다. 그래서 늘 긴장하고 있어야 한다. 그런데 나는 놀이공원의 롤러코스터처럼 인생의 롤러코스터에도 안전벨트가 있다고 생각하는 낙관주의자다. 하지만 나와 함께 롤러코스터를 타야 하는 아내는 고생이다. 왜 나의 낙관주의가 아내를 고생시킬까? 그것은 안전벨트가 있다는 안도감에 롤러코스트의 높이에 자주 도전하게 되고, 그 결과 성공보다는 실패의 쓴맛을 아내에게 안겨주기 때문이다.

이처럼 나는 도전을 좋아한다. 재취업보다는 창업을 선호하는 스타일이다. 여기에는 이유가 있다. 장밋빛으로 비쳐졌던 미래가 기대만큼 그리 화려하지 않은 것처럼, 절망감으로 인해 앞길이 보이지 않아도 결과가 꼭 절망적이지만은 않다는 것을 알고 있기 때문이다. 그래서 인생은 살아볼 만한 것이라고 생각한다.

여가정보 제공업, 선택적 복지사업에서 연속으로 실패하고, 취업 도전에서 두 번이나 실패한 후 나는 인생에 대한 나름의 결론을 내릴 수 있었다.

"할 수만 있으면 취업을 하라. 취업을 하려면 눈높이를 낮추어라. 직장에 오래 다니는 것은 무자본 창업을 하는 것과 같다."

그렇다면 얼마나 눈높이를 낮추어야 할까? 월급은 어느 수준까지 낮출 수 있으며, 감수할 수 있는 육체노동의 강도는 얼마인가? 근무시간의 길이는 어느 정도로 해야 하는지 고려할 게 많을 것이다. 그중에서도 '얼마 동안 다닐 수 있을지'가 최우선 대상이 되어야 한다. 더 이상은 재취업하기가 쉽지 않을 것이기 때문이다.

발상의 전환을 위하여, 실제로 눈높이를 낮춘 덕분에 재취업에 성공한 후배의 이야기를 해야겠다. 그는 우리나라 최고의 공기업인 포스코를 중도에 퇴사했다. 퇴사 후에는 포스코에서 철판을 납품받아 제조하는 일을 했다. 사업 초기에는 잘나가는 듯 보였지만 구제역의 위기를 극복하지 못하고 도산하고 말았다. 그의 중심 고객이 축산업자였던 탓이다. 도산 이후 대부분의 사업자가 크게 낙심하는

데 반해 그는 부채를 모두 청산하고 신문의 구인, 구직 정보를 살피기 시작했다. 그렇게 몇 달을 일간신문을 비롯해 각종 정보지를 살폈다.

그는 현재 아내와 함께 강원도 평창에 있는 고급 펜션의 관리인으로 가 있다. 그곳에서 부부의 주거, 숙식을 모두 해결하고 상당한 금액의 월급을 저축하고 있다. 자녀들만 도시에 남겨 놓은 것이 마음에 걸리지만, 그는 현재 여러모로 행복한 삶을 살고 있다고 한다.

그는 포스코에 다닐 때 노무관리, 노사업무를 담당한 경력이 있다. 그런데 평창처럼 펜션만 1,000개가 넘도록 개발된 농산간 지역에는 단순 노동력뿐 아니라 전기, 건축, 설비 등과 같은 기술을 가진 노동력이 절대 부족했다고 한다. 한동안 행방이 묘연하던 그의 초내를 빌고 내기 평창을 방문했을 때 그가 그곳에 정착한 지 8개월쯤 지난 상태였고, 펜션 관리 업무 외에 남는 시간을 할애하여 인력공급업을 하고 있었다. 그는 인력공급업을 통하여 앞으로 이 지역에서 신뢰를 얻게 되면, 부동산중개업을 하고 싶다고 했다. 젊은 시절에 부동산 공인중개사 자격증도 이미 따놓은 상태였다. 그는 펜션과 토지에 대한 축적된 정보와 현지에서 쌓은 신뢰가 미래에 반드시 성공을 가져다줄 것이라고 기대하고 있었다.

이처럼 발상의 전환으로 재취업이나 라이프 스타일의 변화를 고려하는 것은 제2의 인생을 살아가는 데 유효한 방식이 될 수 있다.

그가 직장을 다니는 동안 부동산 공인중개사 자격증을 따 놓은 것처럼, 제1직업 시기에 공부해 놓은 것들은 경륜을 쌓고 재산을 모으는 것과 함께 2nd Life의 소중한 재원이 될 수 있다.

평창에서 돌아오는 길에 나는 자연스레 펜션 비즈니스에 대한 생각을 하게 되었다. 펜션은 본래 슬로우 라이프를 지향하는 은퇴자를 위한 보조사업 개념인데 왜 평창에 그 많은 펜션이 들어선 것일까? 이는 본래의 취지와 다르게 도시민들이 비즈니스 콘셉트 또는 부동산 투자 개념으로 변질시킨 결과였다.

슬로우 시티, 슬로우 라이프

대형빌딩을 관리하는 회사에 다니는 N씨는 여행을 좋아한다. 쉬는 날이나 휴가철이면 어김없이 여행을 떠난다. 그는 비교적 이른 나이인 38세에 퇴직을 했다.

"제가 여행을 좋아하니까 여행자들이 무엇을 원하는지 잘 알 것 같아요. 그래서 그들이 편안히 쉬어갈 수 있는 게스트하우스를 운영하고 싶어요."

보통 게스트하우스라고 하면 대도시나 관광지를 중심으로 형성되는 것이 일반적인 상식이다. 그런데 그는 사람들이 잘 찾지 않는 전남 고흥의 한적한 곳에 게스트하우스를 마련했다.

"여행은 남들이 가지 않는 곳을 가야 재미있어요. 그리고 여행은 슬로우 라이프잖아요."

비록 젊은 나이였지만 제2의 인생에 대한 나름의 확고한 의지를 갖고 있었다. 그는 소문을 듣고 찾아오는 관광객을 기다리며 아름다운 자연에서 슬로우 라이프를 즐기고 있다.

우리나라는 아시아에서 최초로 전남 4곳이 슬로우 시티 국제연

맹의 실사를 거쳐 2007년 12월 1일 슬로우 시티로 지정되었다. 완도군 청산도, 신안군 증도, 담양군 창평면, 장흥군 유치면이 바로 그곳이다.

신안군 증도는 다른 슬로우 시티와는 달리 요즘 매스컴을 많이 탔다. 이 섬에 사는 주민 모두가 금연을 실천하고 있으며, 관광객도 섬에 입장할 때는 담배를 지참할 수 없다. 또한 섬 내에서는 화석연료를 사용하는 자동차 운행을 전면 금지하고 전기 자동차만 운행한다. 훌륭한 관광자원이 많음에도 불구하고 이와 같은 슬로우 시티로서의 노력들이 매스컴의 관심을 끌게 된 것이다.

친환경적인 생활과 사람의 노동력에 의존하는 이러한 슬로우 시티의 콘셉트가 일자리 문제를 해결할 수 있는 단초가 되지는 않을까 생각해 보았다. 일과 여가와 건강을 동시에 생각해야 하는 2nd Life 시기의 일자리 개념으로 생각이 확장되었던 것이다.

슬로우 시티들은 모두 서울에서 멀리 떨어진 전라남도에 집중되어 있다. 서울에서 멀리 떨어져 있다는 점은 어느 정도 부정적인 요인으로 작용한다. 도시민을 유치하는 관광자원으로는 잘 활용되고 있지만 진정한 의미의 슬로우 시티, 즉 도시민이 이주하는 슬로우 시티로 변모하기에는 너무 멀리 위치해 있기 때문이다. 서울에서 비교적 가까운 강원도나 경기도의 저개발 지역에서 이 슬로우 시티 개념의 정책을 통해 환경도 보전하고 도시민에게 쾌적한 삶과 일자리 창출의 기회를 만들어줄 수는 없을까?

정부나 지방자치단체, 공기업만이 아니라 각 개인도 삶의 패턴을 슬로우 라이프로 바꾸기 위해 역발상 해보면 어떨까? 고도성장시대에 익숙해진 생활습관의 틀을 깨보자. 2nd Life의 시작은 일자리 문제를 여가생활과 건강문제까지 복합적으로 생각해야 하는 변환점이다.

은퇴 후 7만 시간

가장 먼저 해야 할 일

우리 주위에는 삶의 방식 즉 라이프 스타일을 바꾼 사람들이 많다. 특히 현대에 와서는 평균수명이 늘어나고 은퇴나 정년이 빨라지면서 남은 30년 이상의 삶에 대한 진지한 성찰과 고민이 이어졌다. 그 결과 제2의 인생, 이모작, 서드에이지 등의 용어로 대변되는 은퇴 이후의 삶에 대해 주목하기 시작한 것이다.

지금까지 우리가 알고 있던 은퇴 이후의 삶은 창업 등의 방법으로 직업이나 직종을 바꿈으로써 삶을 변화시키는 것으로 인식되어 왔다. 즉 직업의 변화에 따라 나의 삶이 바뀌는 형식이다. 이는 주객이 전도된 듯한 느낌이다. 은퇴 이후의 삶을 바라보는 나의 가치관이나 세계관의 변화에 의해 라이프 스타일이 바뀌어야 하는데 순서가 뒤바뀐 것이다.

미국의 정신과 의사인 스코트 펙은 환자들을 치료하던 현장에서 깨달은 내용을 담아 『끝나지 않은 길(The Road Less Traveled)』이라는 명상록을 출간했다. 생생한 삶의 현장에서 쓰인 글이다. 저자는 사람과 사람 사이의 갈등으로 인한 고통을 넘어서기 위해서는 개인의 끊임없는 정신적 훈련과 성찰이 필요함을 말한다.

자신의 저서가 뜻밖의 대성공을 거두자 스코트 펙은 정신과 의사에서 저술 및 강연자로 삶을 바꾸게 되었다. 병원에 앉아 환자를 치료하는 것보다 직접 찾아다니며 환자들의 고통을 어루만져주는 삶이 더 가치 있다고 생각했기 때문이다. 보다 가치 있는 삶이 무엇인가를 생각하고 자신의 라이프 스타일을 바꾸기로 결심한 것이다. 엄밀히 따지면 자신의 직업을 완전히 바꾼 것도 아니다. 늘 하던 정신과 상담과 저술을 좀 더 가치 있다고 생각하는 방향으로 바꾼 것뿐이다.

은퇴 이후의 삶에서 가장 중요한 것은 물론 경제적 문제의 해결이다. 그래서 은퇴 후의 직업 선택과 창업이 중요하게 여겨지는 것이다. 은퇴 후 30년 이상을 궁핍하게 살 수는 없는 노릇이지만, 마찬가지로 경제적인 문제로 인해 직업을 쉽게 선택할 수도 없다.

결국 라이프 스타일의 변화가 중요하다. 이는 기존에 품고 있던 자신의 가치관을 변화시키는 일이다. 즉, 낡은 가치관을 버리고 변화하는 시대에 맞는 가치관을 유연하게 받아들이는 것이다.

익히 알려진 이야기일 수도 있지만 다음에 소개할 사람들의 삶은 은퇴 후, 새로운 라이프 스타일의 좋은 사례가 될 것이다.

'신윤순 세일스 스쿨' 원장의 이야기이다. 그녀는 은퇴를 스스로 앞당겨 실천한 삶을 살고 있다. 그리고 현역 때보다도 10배는 더 성공한 삶을 살고 있다. 그녀는 손해보험회사의 교육담당 차장이던 시절 회사의 배려로 중앙대학교 산업교육전문가 과정에 6개월을 다닐 수 있었다. 그러나 정작 교육 수료 이후 앞으로는 성인교육, 직업교육이라는 시대의 변화에 눈을 뜨고 회사를 박차고 나왔다. 급여에 목매지 않는 1인 기업으로 라이프 스타일을 바꾼 것이다.

회사를 나온 후 6개월 동안에는 자기의 보험세일즈 성공담을 책으로 엮었다. 그녀는 보험설계사에서 시작하여 1등 영업소장, 지점장을 거쳐 현재 교육담당차장 업무를 수행하고 있었기 때문에 책으로 전달할 수 있는 세일즈 지혜와 성공담이 많았던 것이다.

그녀는 그 책을 기반으로 처음에는 보험회사의 세일즈교육에 출강하기 시작하였다. 그 후에는 세일즈스쿨을 열어 세미나 개최는 물론 새로운 세일즈독본을 2년마다 한 권씩 출간하는 등 현재 여러 산업분야에서 세일즈교육의 대가가 되었다. 소득은 말할 필요가 없다. 새로운 소득으로 구입한 토지와 작은 건물이 여러 개 있는 것으로 알고 있다.

박영규 달팽이건설 상임이사는 한때 잘나가는 대기업 임원을 지냈다. 1억 원이 넘는 연봉을 받을 만큼 아쉬울 것 없는 삶이었지만, 그에게는 은퇴 후 건설업을 해보고 싶은 욕심이 있었다. 그래서 그는 용접학교와 건설학교에 다니며 온갖 기술을 섭렵했다. 그리고 2007년 퇴직한 뒤 1년 만에 건설업 종사자가 됐다. 50대를 넘어설 무렵 새 인생은 그렇게 시작됐다.

"2007년 직장을 그만두고 일을 찾던 중 '행복설계 아카데미'를 찾았습니다. 당시 건설노동자들이 모여 건설업체를 만들고 있던 과정에 제가 합류하게 되었습니다."

달팽이건설은 건설노동자들이 모여 만든 회사다. 생산자와 소비자의 직거래를 통해 건설 노동자의 고용 안정과 삶의 질을 개선한다는 취지로 만들어졌다. 그는 최근 서울디지털대학교에 편입, 사회복지학을 배우고 있다. 또 한 번의 은퇴가 이뤄질 때 무엇인가 할 수 있는 일을 만들기 위해서다.

1997년 환갑을 넘은 나이에 삼미그룹 부회장에서 서비스 대통령을 꿈꾸며 롯데호텔 프랑스식당 쉔브룬의 웨이터로 변신한 서상록 씨는 당시에 큰 화제가 되었다. 그는 웨이터로 보낸 4년 3개월의 시간을 인생의 가장 행복했던 순간으로 회고하고 있다. 그는 그 기간 동안 서비스맨의 자세와 덕목, 고객과의 커뮤니케이션 등을 이론이 아닌 현장에서 제대로 배웠다고 한다. 그는 지금 새하늘공원 명예회장으로 있으면서 대학원의 교양강좌 등에서 '은퇴 후 제2의 인생'을 주제로 한 강연활동에 한창이다.

최근 서상록 명예회장은 연필초상화를 그리는 일에 열중하고 있다고 한다. 여러 단체에서 강연활동을 하고 있지만, 연필초상화는 매일 할 수 있는 일이라는 점에 매력을 느꼈다고 한다. 실력이 늘면 밖으로 나가 사람들을 그려 선물하겠다는 목표도 세웠다고 한다.

앞의 사람들은 모두 이미 한 번씩 잘나가 본 사람들이 아닌가? 나와는 좀 거리가 있다고 생각할 독자도 있을 거 같다. 그렇다면 특별한 능력은 없지만 연구하는 자세와 몸 낮추기, 성실한 원칙 하나로 새로운 영역을 개척한 필자의 동갑내기 친구 2명의 사례를 더 소개하겠다. 변화는 특별한 자격을 갖춘 사람만이 할 수 있는 게 아니다.

한 사람은 부장으로 퇴직한 사옥건설 담당부장이다. 그는 인문계 고졸이 최종 학력이어서 건축에 대한 전문적인 지식이 있는 것도 아니었지만, 직무를 성실히 수행하여 태평로에 있는 ××손해보험의 건물이 22층의 인텔리전트 빌딩으로 우뚝 솟는 데 땀과 열정으로 한몫을 했던 동갑내기 동료였다. 회사의 주인인 대주주가 바뀌면 이래저래 많은 부장급 이상이 조기 퇴직하기 마련이다.

그는 퇴직 후, 아주 조그만 빌딩관리 회사에 전에 근무하던 곳의 신입사원 급여 정도로 재취업했다. 라이프 스타일을 바꾼 게 아니라 눈높이를 획기적으로 낮추었던 것이다. 하지만 10년도 안 된 지금은 강남의 대형빌딩을 여러 개 관리하는 굴지의 회사에서 전무이사로 재직하고 있다. 그에게는 아마 정년도 없을 성싶다.

다른 한 사람은 강원도의 군 단위 도시에서 상업고등학교를 졸업하고 회사에 취업하여 총무부에서 근무하다가 40대 후반인 과장 시절에 퇴직한 친구이자 동료이다. 그는 특별한 기술이 없어 몸으로 때우는 창업을 하였다. 장사가 잘될수록 중노동인 통닭집을 개업한 것이다. 대기업 총무부 과장이던 사람이 새벽까지 통닭을 튀기고 또 튀기는 라이프 스타일로 변신한 것이다. 그는 손님이 있든 없든 일정한 시간까지 변함없이 한결같은 자세로 일했다. 작은 통닭집이고 가게 오픈시간을 고객들에게 따로 약속한 것도 아니었지만, 한 번도 어기는 일 없이 성실히 준수해 나갔다. 중간에 개인 편의대로 가게 문을 닫는 일도 없었다.

그는 지금 중견건설회사의 현장자재 담당 책임자로 일하고 있다. 통닭을 좋아하여 자주 방문하던 건설회사 오너가 그의 성실함을 오랫동안 관찰해 오다가 그를 스카웃한 것이다. 원칙이 있는 성실한 태도로 라이프 스타일을 정함으로써 고객에게 발탁된 것이다. 이제 그는 이 건설회사에서 정년을 걱정하지 않아도 될 만큼의 신뢰관계를 구축하게 된 것이다.

누구나 새로운 라이프 스타일을 만들 수 있다. 얼마나 오랫동안 꾸준히 정립하여 성과를 내느냐가 관건이다. 생각을 바꾸면 새로운 세상이 보인다는 말이 있다. 우리는 일반적으로 지금 당장 돈이 필요하기 때문에 직장생활을 한다고 생각한다. 그런데 인생의 긴 여정을 보면 직장생활은 은퇴를 위한 준비기간이라고 할 수 있다. 그렇기 때문에 직장생활을 하는 기간 동안 새로운 것을 찾고, 또 배워야 한다.

누구나 쉽게 하는 이야기지만 사고의 전환이 필요하다. 특히 돈에 매여 사고의 전환이 되지 않으면 결과적으로 돈에 끌려다니는 삶을 살 수밖에 없다. 돈은 편안한 삶을 제공할 수는 있지만 행복한 삶을 보장하지는 않는다.

은퇴 후 행복한 인생을 꿈꾼다면 어설프게 남들을 따라 해서는 안 된다. 새로운 분야를 개척하고 위에서 예를 든 사람들처럼 자신만의 스타일로 직업을 만들고 나서야 한다. 사고의 전환으로 새로운 세계를 만들어간다면 경제적 문제는 그 이후에 자연스럽게 해결될 수 있다.

생활의 활력소, 취미

대부분의 은퇴자들은 소규모 음식점이나 커피숍, 각종 판매점 등의 소매 업종에 가장 많이 도전한다. 특히 프랜차이즈 산업이 발달한 요즘은 자본만 준비되면 어떤 업종이든지 선택할 수 있고, 본사의 지원으로 손쉽게 창업할 수 있기 때문에 그 수가 더욱 늘어나고 있다. 하지만 직접 생산과정에 관여하지 않는 완제품 판매 위주의 창업은 돈 버는 즐거움 외에 일을 함으로써 얻게 되는 즐거움과 성취감을 가져다주지는 못한다.

그룹의 본사에서 근무하던 M씨는 평소 사진 찍는 것을 좋아했다. 필름카메라 시절부터 사진을 찍었으니 10여 년이 넘었다. 준전문가용 DSLR 디지털카메라의 보급이 늘면서 M씨도 인터넷 사진동호회에 가입해 활동을 시작했다. 용돈을 아껴 원하는 장비를 하나씩 구입할 때의 기쁨은 말로 표현할 수 없을 정도였다.

M씨는 취미가 아닌 좀 더 전문적인 방식으로 사진을 찍고 싶었고, 결국 남들보다 몇 년 일찍 은퇴한 후 사진사의 길을 가게 되었다. 그는 철따라 야생화를 찍기 위해 또 우리나라의 아름다운 풍광

을 찍기 위해 전국을 다닌다. 휴일에는 틈틈이 공원이나 도심으로 나와 사람들에게 무료로 사진을 찍어주는 봉사도 한다. 그의 사진이 입소문을 타면서 출판사나 잡지사로부터 의뢰를 받기도 한다. 아직 완전한 프로페셔널이라고 할 수는 없지만 실력이 상당한 데다 비용까지 저렴해 좋은 반응을 얻고 있다.

M씨의 경우처럼 은퇴 전의 취미가 창업으로 이어지면 사업을 하면서 끊임없이 연구하고 발전시킬 수 있다는 장점이 있다. 완제품을 파는 사업에 비해 더 많은 행복과 성취감을 느낄 수 있다. 하지만 안타깝게도 자신만의 취미가 없거나 이를 사업으로 이을 만한 실력을 갖추지 못한 사람들이 많다. 어떤 사업을 할 것인가에 대한 고민이 중요하듯 어떤 삶을 원하는가에 대한 진지한 고민도 필요하다.

현재 선진국에서 각광받는 은퇴 전략 중 하나는 좋아하는 일로 새로운 삶을 설계하는 것이라고 한다. 노동과 휴식으로 촘촘히 이어진 삶에 작은 숨통을 터주는 한편, 은퇴 후 인생의 밑그림이 될 수 있는 것이 바로 취미활동이기 때문이다.

현재 이렇다 할 취미가 없다고 낙담할 필요는 없다. 지금이라도 내가 몰두할 수 있는 취미를 찾고 그 취미를 창업이나 새로운 직업으로 연결시킬 방법을 고민하면 된다. 그러기 위해서는 코앞으로 다가온 은퇴를 걱정만 할 게 아니라, 황금 같은 주말을 제대로 활용해야 한다. 집에만 있지 말고 무언가를 찾아다녀야 한다. 오래지 않아 원하는 것을 찾게 될 것이다.

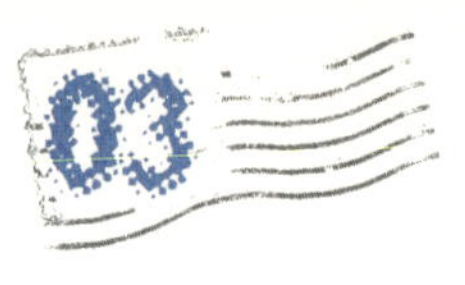

여행은 여가생활의 시작

여행 3원칙

2nd Life 시기는 자연과 친근하고 편하게 지낼 수 있어야 한다. 디지털 환경이나 과학문명이 아무리 혁명을 지속하고 있어도 우리의 육체는 원래 자연의 산물이기 때문이다. 또한 제2의 삶은 원래 여가생활이 중심이 되어야 하는 시기이다. 인간에게 자연과 여가생활은 한몸이다.

짧은 여행이라도 심신을 새롭게 하는 여행으로 2nd Life를 시작해야 한다. 한 번에 긴 여행보다는 주기적으로 여행을 떠나며 이 주기적인 여행을 2nd Life의 한 패턴으로 할 수 있다면 최고의 여가

생활 방식이 될 것이다. 구미 선진국에선 젊은 직장인조차도 오직 휴가여행 하나를 위하여 1년간 열심히 일한다고 하지 않는가? 외국여행을 말하는 것이 아니다. 국내든 어디든 이런 여행이라면 그 기간의 길이가 중요한 것도 아니다. 여행지의 낯선 환경과 예기치 않은 상황은 때로 새로운 삶의 활력소를 가져다준다. 여행을 떠나는 것은 경제적 문제도 시간의 문제도 아니다. 오직 마음의 문제이다.

아마도 여행을 좋아하지 않는 사람은 없을 것이다. 나도 여행이라고 하면 그 누구에게도 뒤지지 않을 만큼 즐기는 편이다. 여행은 생각만으로도 심신을 개운하게 만드는 힘이 있기 때문이다. 다음은 필자의 여행 3원칙이다.

첫째, 혼자서 한다.

여행 하면 주로 관광을 떠올리지만 여행이 가져다주는 가장 값진 선물은 여행자를 사색에 젖게 하는 것이다. 사색을 위한 여행은 혼자서 떠나는 것이 좋다. 동행이 있으면 들여다보고 싶은 것, 오래 머물고 싶은 곳을 그냥 지나쳐야 하는 경우가 생기기 때문이다.

여행지에서 현지인과의 만남은 나만의 스토리텔링을 만드는 요소가 되기도 한다. 이 스토리텔링은 여행의 기쁨과 추억을 배가시킨다. 혼자 떠나는 여행은 그래서 더 맛이 깊다.

여행의 목적을 분명히 해야 한다. 맛 기행, 휴양, 관광, 성지순례, 문화답사 등 목적을 분명히 하고 떠나며 가능한 한 그 목적에 충실하도록 스케줄에 집중할 수 있다. 그냥 시간만 보내는 여행이 되지 않도록 출발 전에 5분이라도 생각해보고 주제를 정한다. 여행 콘셉트는 해외여행을 할 때 특히 중요해진다.

여행 일정이 길든 짧든 한 번에 한 곳을 다니는 여행은 대부분 나에게 보람으로 남았다. 주마간산으로 몇 개국, 몇 개 도시를 다녀오고 그 나라, 그 고장을 모두 이해했다고 말하는 것은 무리가 있다. 홍콩을 관광한다면 단 3일 정도면 충분할지 모른다. 그러나 진정한 홍콩을 느끼려면 한 달을 지내도 모자랄 것이다.

여행하려는 지역에 대한 사전답사는 여행의 즐거움을 몇 배로 키워준다. 사전답사는 자료의 보고인 인터넷을 이용하면 된다. 신뢰성 있는 글을 주의 깊게 골라보는 것만으로도 충분하다.

만약 비즈니스를 염두에 두고 떠나는 여행이라면 이안 브레머의 『J커브(J Curve)』같은 책을 읽는 것도 좋다. 국제사회에서 뉴스의 초점이 되는 주요 국가들의 개방성과 안정성에 대한 역사적 배경 및 현실에 대해 자세히 나와있다. 비즈니스에는 정치와 경제에 관한 뛰어난 시각이 필요하기 때문이다.

천년고도 경주를 여행할 때 우리는 익히 알고 있는 천마총, 금관총, 불국사, 석굴암, 박물관 등 정해진 여행 코스를 다니게 된다. 경주에 대해 많이 알고 있다고 자부하겠지만 그 지식이라는 것이 아주 일천하다는 사실을 경주에 가보면 느끼게 될 것이다. 경주는 도시 전체가 천 년 역사를 고스란히 간직하고 있는 박물관이기 때문에 역사와 문화에 대한 정보나 지식이 없으면 그저 다리만 아픈 볼거리 투어에 지나지 않게 된다.

여행을 떠나기 전, 반드시 여행지에 대해 공부하라. 특히 해외여행의 경우, 사전 공부가 되어 있지 않다면 그 여행은 포기하는 것과 같다.

고향에 대한 정신여행자

많은 실버들이 새로운 취미활동으로 고향을 연구하거나 고향사랑 문화답사를 실천하고, 나아가 고향에 내려가 문화해설사를 자청하기도 한다. 이를 도와주기 위해 국립박물관을 중심으로 전국의 박물관에서 문화해설사 교육이 성황리에 진행되고 있다. 특히 중앙박물관 교육은 6개월 과정이어서 많은 시간과 노력을 요구하고 있다. 그런데 막상 지방의 내 고향 자치단체를 방문해 보면 지역관광산업·특산품 홍보에 대한 깊은 성찰이 아직도 아날로그 수준에 머물러 있어 아쉽다.

필자의 고향인 전북 정읍시를 예로 몇 가지 대안을 제시해 본다. 확실히는 모르겠지만, 내 제안이 옳아 실행된다면 현지를 지키고 있는 고향 친구들에게 혜택이 돌아갈 것이다.

정읍시는 단풍놀이의 대명사 내장산국립공원으로 잘 알려져 있지만 단풍 시즌의 절정이 채 며칠밖에 되지 않고, 교통체증과 바가지요금 때문에 정읍의 관광소득 창출에는 별로 도움이 되지 않고 있다. 그런데 정읍과 관련한 거의 모든 축제나 특산품에는 단풍미인 마크가 붙어 있다.

나는 특히 농산물에 대한 단풍미인 브랜드가 아쉽다. 정읍은 이름 그대로 어디에서나 맑은 샘물이 넘치는 고을의 특성을 가지고 있다. 황토가 건강에 좋다는 것은 모든 국민이 다 알고 있고, 건강제일을 주창하는 시대에 혀는 빼놓고 눈으로 포착하는 아름다움에만 연결되는 단풍브랜드로 주부들의 손길을 당길 수 있을까?

정읍은 물과 황토가 좋고, 행정구역 면적도 군 단위 기준으로 비교할 때 전국에서 두 번째로 넓은 농업지역이다. 그런데 농산품브랜드 하나에도 향토 연구가 부족하니 출향민들이 고향사랑으로 정신여행을 다녀와야 할 모양이다. 물과 흙이 좋은 고장임을 이미지브랜드로 만들어 정읍의 농특산품을 최고의 건강식품으로 홍보한다면 매출은 말할 것도 없고 값도 크게 더 받을 수 있을 것이다. 사실 이 깨끗한 물과 황토 덕분에 쌀도 소고기도 복분자 열매도 고구마도 장아찌조차도 매우 맛이 좋다. 그리고 황토제품이라 건강에도 좋다. 만일 나의 제안이 수용되고 홍보가 된다면 정읍에 일자리가 1,000개는 새로 생겨날지 누가 알겠는가. 특히 귀향하고 싶은 실버 친구들에게는 좋은 소재가 될 수 있을 것이다.

참고로 단풍브랜드는 캐나다의 최고 단풍도시와 제휴하여 외국 관광객을 흡수하는 쪽으로 아이디어를 보완했으면 좋겠다.

박물관과 외국 전통문화원 순례

　요즘엔 세상이 좋아져서 외국에 직접 나가지 않고도 실제와 같은 체험을 할 수 있는 기회가 많다. 책자나 인터넷 사진, 동영상을 말하려는 게 아니다. 부천 '아인스월드'에는 세계적으로 유명한 관광명물들이 미니조형물로 조성되어 있다. 각국의 전통문화원과 개인이 일생을 통하여 수집한 컬렉션을 전시하는 곳도 여럿 있다.

　내가 다녀온 몇 곳만 헤아려 봐도 실크로드박물관(종로 삼청동), 티베트뮤지엄(누상동), 고양시의 중남미 문화원, 포천의 몽골문화촌, 아프리카예술박물관 등 관심을 갖고 찾아보면 공부할 수 있는 곳이 많다.

　특히 서울 종로구의 북촌, 서촌, 인사동에는 유명한 박물관이 30여 개가 넘는다. 서울의 역사와 문화를 보존하고 있는 서울역사박물관을 비롯하여 고궁박물관, 경복궁 내 민속박물관, 불교미술박물관, 국립서울과학관, 짚풀생활사박물관, 꼭두박물관, 쇳대박물관, 장신구박물관, 로봇박물관, 부엉이박물관 등 헤아릴 수 없이 많다. 지역 전체가 하나의 박물관과 같은 종로는 외국인들이 꼭 가볼 만한 곳이다.

맛집 순례를 하다

우리나라 사람은 유달리 혼자 식사하는 것을 싫어한다. 밥 한 끼조차 같이 먹을 사람이 없을 만큼 처량한 자신의 처지에 서글퍼지곤 하는 것이다. 나는 사무실 근처의 몇몇 친구들과 매주 화요일에 함께 식사하는 모임을 갖고 있다.

"이제 슬슬 지겨워지는데……."

"아니, 뭐가 지겹다는 거야?"

"이 근처 식당은 거의 다녔지? 식당 주인이 바뀌길 기다릴 수도 없고!"

"그럼 우리 맛집 순례를 가는 건 어때?"

그날 우리는 각자 알고 있는 추억의 맛집 후보지들을 꺼내놓았다. 시장 근처에 위치한 집, 점심값으로 결코 부담이 가지 않는 집, 길게 줄서서 기다리는 사람들을 바라보며 먹는 집, 한 곳에서 30년을 넘게 장사한 집 등 거론된 곳만 열 집이 넘었다.

- 남대문시장 닭곰탕집 '강원집'
- 혜화동 국시집 '혜화칼국수'
- 오장동 함흥냉면집 '흥남집'

위의 세 곳을 시작으로 지금은 서울에서 값싸고 맛있고 역사가 깊은 집을 꽤나 많이 들렀다. 그들의 공통점은 딱 하나, 단품점이었다. 청계천 뒷골목의 ×××할머니 칼국수, 미슐랭가이드에 선정된 진옥화할머니 닭 한마리 집까지 모두가 그렇다. 음식점 창업이 아니어도 좋다. 4050이 창업아이템 선정 시 무언가 깨달음을 얻었으면 좋겠다.

맛 기행을 하면서 발견한 재미있는 현상은 기존의 음식점이 없어지는 곳마다 반절 이상은 커피전문점이 들어선다는 것이다. 음식점뿐만이 아니다. 문방구, 편의점, 심지어 커피전문점이 사라진 그 자리에 또 다시 커피전문점이 들어선다.

커피전문점 중에는 까다로운 커피마니아의 사랑을 듬뿍 받고 있는, 주인장의 긍지가 대단한 전문점들이 의외로 많았다. 스타벅스나 카페베네와는 전혀 다른 콘셉트로 드립커피를 직접 뽑아주는 집들이다. 이들은 모두 커피 내리는 일을 오랫동안 해온 사람들이다. 다음의 3곳 중에는 커피 가격이 점심값보다 더 비싼 곳도 있다는 사실을 염두에 두자.

- 성곡미술관 앞 '커피스트'
- 역삼동, 구) 역삼세무서 근처 '스톤커피'
- 충정로역 근처 '가베나루'

　독자님들께서는 음식점 순례에서 시작한 커피집 순례의 과정을 사치로 보지 말아주길 바란다. 요즘 값비싼 음식은 대부분 맛있다. 그리고 청결하다. 그런데도 저렴한 가격으로 성공한 전통 있는 맛집, 커피숍의 경쟁력이 궁금하다. 체험으로 해답을 찾는 것이다. 뭐니 뭐니 해도 음식점, 커피전문점이 영원한(?) 독보적 창업아이템이기 때문이다. 실제로 나와 함께 순례하는 멤버 중 한 명은 잠재적 음식점 또는 커피숍 창업을 위하여 바리스타 교육까지 수료하였다.

꿈을 나르는 책

나만의 독서법

젊은 시절에 책과 친하던 사람들도 나이가 들면 멀어지기 마련이다. 친목 모임이 많다거나, TV 드라마가 너무 재미있다거나, 잠을 자기에도 시간이 모자란다는 이유를 들어 책을 멀리 한다. 나는 예전에 비해 덜하긴 하지만 남들보다 많은 양의 책을 읽는다고 자부한다. 현재 나는 책을 읽는 데 몇 가지 원칙을 정해놓고 이를 실천하고 있다.

첫째, 책을 많이 선물한다. 선물하는 책 중에 한두 권은 억지로라도 읽게 되기 때문이다. 왜냐하면 책을 선물받은 사람과 이야기를 나누다 보면, 책 내용도 잘 알지 못하면서 선물한 것이 늘 께름칙하기 때문이다. 그럴 때는 늦게라도 반드시 읽게 된다.

둘째, 선물 받은 책은 꼭 읽는다. 책을 선물하는 사람은 그 책에 많은 의미를 담는다고 생각한다. 내용을 깊이 성찰하여 책을 선물한 사람에게 고견을 낸다면 그는 분명 즐거워할 것이다.

셋째, 책을 많이 산다. 사무실이든 침실이든 장소를 가리지 않고 여기저기에 책을 쌓아 놓는다. 그러다 보면 자연스럽게 책을 들게 된다.

넷째, 헌책방에 자주 들린다. 새 책을 사기가 버거우면 헌책방에 가서 마음 가는 대로 여러 권 집어다 놓는다. 그리고 여러 가지 사정으로 서울 근교조차 나가기 어려울 때, 하릴없이 울적할 때 나는 헌책방에 간다.

나는 주로 지인들에게 책을 많이 선물하는 편이다. 누군가를 만나거나 방문할 때 서점에 들러 상대방과 잘 어울릴 법한 책을 한 권 고른다. 그리고 가능하면 전철을 타고 가는 동안 머리말, 목차, 세부내용 몇 꼭지를 읽는다. 그것만으로 책의 70%는 읽은 셈이 된다. 만약 상대방이 이미 읽은 책이라면 내 서가에 꽂으면 된다. 잡지도 2권쯤 정기 구독하여 사무실에 비치하고 있다가 방문한 지인을 그냥 보내기 서운할 때 주기도 하고, 누군가를 만나야 하는데 서점에 갈 시간이 없으면 그것을 대신 가져가기도 한다.

헌책방은 잊고 있었던 책을 찾는 즐거움과 여유로워진 자신을 발견하는 즐거움을 동시에 느끼게 한다. 단골 헌책방을 만들어 주인과 커피 한 잔을 나누며 삶과 책과, 세상사에 대해 지나가듯 이야기해보는 것도 좋은 경험일 것이다.

어떤 과정을 거치든 독서는 좋은 일이다. 책은 목차를 읽는 것만으로도 저자가 전달하고자 하는 바를 50% 이상 이해할 수 있다고 한다. 독서의 강박관념에서 벗어나 편하게 목차만이라도 읽는 습관을 들인다면 책과 친해질 수 있을 것이다.

고전을 다시 읽는 기쁨

니코스 카잔차키스가 쓴 『그리스인 조르바』는 국내에 잘 알려지지 않은 고전 세계명작 중 하나이다. 필자 세대의 명작이라 하면 『죄와 벌』, 『카라마조프의 형제들』, 셰익스피어의 『젊은 베르테르의 슬픔』 정도가 전부였다. 당시 소개되었던 명작들은 대부분 일본에 의해 번역된 강대국들의 문학 작품들이었고, 이것은 다시 우리말로 번역되었다. 그리스처럼 약소국의 작품들은 접할 기회조차 없었던 것이다.

소설은 자유로운 영혼인 65세의 '조르바'와 금욕주의자인 35세의 '나' 사이에서 이루어지는 대화를 중심으로 구성되어 있다. 실존 인물인 두 사람은 소설에 등장하는 장소에서 오랫동안 함께 생활을 했다. 이 작품은 두 인물을 통해 근대 그리스인의 철학적 특성을 잘 표현하고 있으며 당시 그리스인들이 어떻게 살았고, 어떤 생각을 했으며, 또 어떻게 사랑했는지 사실적으로 묘사하고 있다.

주목할 만한 특징은 소설 속의 그리스인 남녀 모두 사랑과 경제에 매우 관대하다는 점이다. 현재 재정 위기를 겪고 있는 그리스의 국가적 상황에 비추어볼 때, 그리스인들의 그러한 기질적 요인이 영향을 미친 것은 아닌지 조심스럽게 추측하게 된다. 고전에서 시작한 이야기가 엉뚱한 방향으로 흐르는 것 같아 정리하자면, 『그리스인 조르바』는 제1직장을 떠나 자유인이 되어야 함에도 불구하고 경제적 속박에서 영원히 해방될 수 없는 한국 남성들이 한 번쯤은 읽어볼 만한 책이다. 고전을 다시 읽는 기쁨은 시니어의 정서만족 중 으뜸이라 생각된다.

Tip 사회 변화를 체감하게 해주는 책

시대의 속도만큼이나 고전이 되어가는 속도도 빠르다. 언젠가는 고전이 될 최근의 명작들로서 나에게 사회변화를 일깨워 준 책 4권과 주요 내용을 소개한다. 이 책들은 새로운 먹을거리를 찾아 헤매는 대기업의 신제품, 마케팅 기획자들이 반드시 읽어야 한다.

· **내일의 금맥** – 세계경제의 축이 아시아로 이동하고 있으며, 바로 이곳에 투자의 금맥이 있다.

· **소유의 종말** – 어떤 재화도 소유할 필요가 없으며, 빌려 쓰거나 용역에 의뢰하는 시대가 도래할 것이다.

· **종족을 찾아라** – 트렌드를 읽고자 한다면 비슷한 문화를 만들어내는 집단을 찾아가야 한다.

· **빅3법칙** – 모든 업종에서 Big3만이 살아남는 시대에 주인공이 되기 위한 대형화 및 특화 전략을 제시한다.

독서와 여행의 공통점

긴 아프리카 여행을 다녀온 지 얼마 안 되었을 때, 한동안 만남이 뜸했던 선배 한 분을 방문했다. 그 선배는 대뜸 이렇게 말했다.

"내 그럴 줄 알았지! 김 사장은 책을 많이 읽으니까 여행도 많이 할 거야! 사주 한번 내놔 봐!"

이 선배는 구) 쌍용화재에서 교육부장을 마지막으로 퇴직하신 분인데, 필자가 화재보험과에 근무할 때 과장님의 업계 친구였다. 내가 대리였을 때 업계 선배로 만나기 시작한 분을 퇴직한 지금도 만나고 있으니 서로를 많이 아는 편이다.

그는 내 손바닥을 보더니 "맞아, 김 사장은 역마살이 2개나 있구만. 책을 좋아하는 사람들에게 역마살이 많은데, 김 사장도 책을 많이 읽잖아?" 당시 내가 아는 '역마살'의 의미는 '타향살이 비중이 높은 고생이 많은 괘' 정도였기 때문에 선배의 말이 얼른 이해가 가질 않았다.

선배의 풀이에 의하면 역마살은 '호기심 살'이란다. 호기심이 많은 사람은 책을 많이 읽게 되고, 탐구정신이 강해서 말을 타고 멀리

나가게 되어 있으니, 역마살이 많은 것은 '크게 된다'는 뜻이란다. 농경시절에는 고향에서 안주하는 것이 행복이었으므로 과거에는 이 역마살이 '고생'으로 풀이되어 왔던 것이라고 덧붙여주었다. 괜히 기분이 좋아지려는데 선배가 다시 한 번 '책을 읽는 것은 간접여행에 해당되지만, 큰 사람이 되려면 간접적보다는 직접적으로 여행을 많이 해야 한다'고 조언해 주었다. 옛날이나 지금이나 진리는 하나라서 책을 많이 읽는 사람들이 실제로 여행도 많이 하고, 훗날 큰 사람이 되었다는 것이다.

글쓰기가 경쟁력인 시대라고 한다. 글을 잘 쓰려면 많이 읽어야 한다. 글을 읽을 수 있는 환경도 갈수록 좋아지고 있다. 인터넷이나 모바일 기술의 발전 덕분이다. 그러나 우리의 자녀들은 치열한 입시경쟁과 게임이라는 또 다른 유혹 때문에 실제로는 거의 책을 읽지 않고 있다. 대학생이 되어서는 취업스트레스로 책 읽을 기회를 또 놓치고 만다. 그래도 희망이 남아 있다. 아름다운 문장은 문학작품을 많이 읽는 것 외에는 별다른 대안이 없지만, 실용적 글쓰기에는 경험과 지식의 양, 구체적 현장성이 우선이기 때문이다.

책을 잘 읽지 않는 자녀, 게임에 빠져 있는 자녀, 취업이 어려운 자녀에게 여행의 기회를 많이 만들어주어야 한다. 이것이 바로 최고의 돌파구라 생각한다. 하기 싫거나 못하는 것을 억지로 요구하는 것이 아니라 기회를 제공하는 부모가 될 수 있다. 부모와 대화가 잘 안 되는 자녀도 여행 제안에는 대부분 쉽게 호응한다. 단순히 놀러 가는 여행, 관광여행도 좋다. 탐구주제가 있거나, 문화체험을 할 수 있는 여행으로 발전하면 더욱 유익하다.

독서와 여행은 하나다. 독서는 마음으로 하는 여행이고, 여행은 몸으로 하는 독서이기 때문이다.

04

비교하는 마음 버리기

내가 진짜로 원하는 것

명성과 성공보다 중요한 것을 찾아서

"김 대표는 인생의 목표가 뭔가?"

2년여 만에 걸려온 친구의 전화에서 흘러나오는 갑작스러운 질문은 나를 당황스럽게 했다.

"아니, 오랜만에 무슨 뚱딴지같은 소리야?"

그 친구는 내게 간단한 안부만 전한 채 전화를 끊었다. 그 후 며칠 동안 그 친구의 질문이 머리에서 떠나질 않았다. 내 인생의 목표는 무엇일까? 며칠 후 어느 모임에서 나는 그 친구가 내게 했던 질문을 여러 사람에게 해보았다.

"그야, 행복하게 사는 것 아니겠어?"

"그렇지. 건강하고 행복하게 사는 거지."

대답은 의외로 '행복'으로 모아지는 분위기였다.

"그럼, 행복하기 위해서 뭘 해야 하지?"

"글쎄, 돈을 많이 벌어야 하나?"

"그냥 행복하다고 자기 암시하면서 사는 거지 뭐."

딱 거기까지였다. 인생을 행복하게 살아야 한다는 것은 알지만 어떻게 하면 행복해질 수 있는지에 대해서는 아무도 이렇다 할 답을 가지고 있지 않았다. 물론 정확한 답은 없을지도 모른다.

영국의 어느 대학 연구소에서 80개국의 200만 명을 대상으로 각 연령별로 행복지수를 조사했다. 그 결과는 매우 흥미로웠다. 유년층과 노인층은 스스로 행복하다고 느끼는 반면 4050세대는 자신이 불행하다고 느꼈다. 더욱 특이한 것은 지식, 재산, 지역, 외모에 상관없이 전 세계 응답자 모두 대답이 같았다.

전 세계 4050이 공통적으로 우울과 불안에 시달리며 자신이 불행하다고 느끼는 이유는 자신의 한계를 너무나 잘 알고 있어 좌절감이 다른 세대에 비해 높기 때문이다. 즉 주류 사회에서 밀려나는 것에 대한 불안이 크기 때문이다.

역으로 생각해보면 4050세대에게는 더 이상 떨어질 곳이 없다. 바닥을 치고 도약할 일만 남은 것이다. 그 힘은 바로 어떤 삶을 살

것인가를 설계하는 데에서 나온다.

행복한 미래를 위해서는 현재에 대한 점검이 이루어져야 한다. 나의 사회적 위치와 능력, 심리적 상태, 발전 가능성 등을 점검해야 한다. 그리고 내가 진짜로 원하는 것이 무엇인지에 대한 진지한 자문이 있어야 한다.

어렵게 얻은 명성과 성공을 지키기 위해 전전긍긍하는 모습은 진정 원했던 모습이 아니지 않는가. 잘 생각해보라. 지금의 위치에 오르기 위해 무엇을 버렸는지. 그중에 자신이 진정 원했던 무언가가 있을지도 모른다.

앞으로 펼쳐질 2nd Life에서는 명성과 성공보다는 '내가 진짜로 원했던 것'을 찾고 이루는 데 집중해야 한다.

지금 당장 나에게 던져야 할 질문

- 나는 지금 무엇을 원하는가?
- 나는 1년 후 무엇을 하고 싶은가?
- 나는 10년 후 무엇을 하고 싶은가?
- 나는 무엇을 할 수 있나?
- 나는 무엇을 배우고 싶은가?
- 나는 남에게 무엇을 줄 수 있는가?
- 나의 길은 어디로 이어지고 있나?
- 나는 지금 갈림길에 서 있나?
- 나는 현재의 내 자신을 후회하나?
- 나는 지금 멈춰 서 있나, 길을 가고 있나?

남은 인생에 대한 목표를 세워라

얼마 전 한 후배가 찾아왔다. 회사에서 정리 해고된 후 일자리를 구하려는데 좀처럼 기회가 오지 않는다는 것이다.

"나이도 많고, 그동안 다닌 직장도 변변찮아 일자리 구하기가 어렵습니다."

"그래? 음……."

나는 한동안 고민했다. 무어라 말해야 할지 막막했기 때문이다.

"그럼, 자네는 무엇을 하고 싶나? 어떤 목표가 있나?"

"에이, 선배님도. 제 나이에 인생의 목표가 뭐 있겠습니까."

후배는 지금보다 '돈'을 더 많이 버는 것이 목표라며 그저 웃기만 했다.

"아직 자네가 무얼 하고 싶은지 찾지 못한 것 같아. 잘 생각해봐. 분명 원하는 것이 있을 거야."

사실 우리가 원하는 삶을 살지 못하는 근본적인 이유는 기회가 없거나 능력이 부족해서가 아닌 경우가 많다. 이보다는 뚜렷한 삶의 목적이 없기 때문이다.

IMF 이후 삶의 목적이나 목표가 '돈'이 되어버린 사람이 많았다. 각종 재테크 열풍이 일었고, 펀드로 돈을 벌었다고 하면 날벌레들처럼 사람들이 몰려들었다. 사람들은 이리저리 '돈'을 좇아 날아다녔다. 그러나 정작 '돈'을 벌었다는 사람도 살기 좋아졌다고 말하는 사람도 행복하다고 말하는 사람도 찾을 수가 없었다.

'뭐니 뭐니(머니 머니) 해도 money가 최고!'라고 말하는 사람은 삶의 가치 기준이 '돈'에 맞추어져 있다. 결국 돈의 추종자 이상도 이하도 아닌 삶을 살고 있는 것이다. 돈만으로 우리의 인생이 행복해질 수 없다는 사실은 유치원생도 다 안다. '돈' 그 이상의 행복을 찾기 위해서는 눈앞을 막고 있는 신기루를 걷어내야 한다. 방법은 앞으로 무엇을 할 것인지에 대한 계획을 세우는 것이다.

남은 인생에 대한 계획을 세우기 위해서는 우선 내가 진짜로 원하는 것이 무엇인지 고민해야 한다. 그리고 그것을 이루기 위해서 얼마의 시간이 걸리는지 따져보아야 한다. 우선 은퇴 후 10년 단위로 목표를 정하는 것이 좋다. 이렇게 하면 평균 수명 때까지 보통 2~3번 정도의 목표를 세울 수 있다. 그리고 10년 목표를 달성하기 위해 5년째 되는 해에 중간 목표를 정한다. 마지막으로 2년 혹은 1년 단위로 목표를 이루기 위한 세부 계획을 세워나간다. 이렇게 큰 목표 다음에 세부 목표를 세우는 이유는 최종 목표에 더 근접하기 위해서다.

보통 계획을 세울 때 올해는 무엇을 할지 정한 다음, 그것을 바탕으로 내년의 계획을 세우는 것이 일반적이다. 그러다 보면 무리하게 목표를 세우게 되고 작심삼일이 되기 쉽다. 따라서 30~40년 후 자신의 모습을 그리고 중간목표를 설정한 다음 세부 목표를 정한다면 앞으로의 인생이 훨씬 즐거워질 것이다.

도전정신과 시간이라는 무기

어떤 일을 하는 데 있어 나만의 무기가 있다면 유리하다. 은퇴 후 자신이 원하던 꿈을 이룰 때도 마찬가지다. 그런데 차이점이 있다. 경쟁이나 경기처럼 남을 상대하는 일에는 눈에 보이는 강력한 무기가 필요하다. 하지만 은퇴 후, 라이프 스타일을 변화시키려면 나 자신과의 싸움에서 이겨야 한다. 따라서 이전에 갈고 닦았던 무기와는 다른 형태의 무기를 준비해야 한다.

우리에게 남아 있는 무기는 바로 도전정신과 시간이다. 새로운 도전을 꿈꾸지 않는다면 남은 시간들이 무의미하게 흘러갈 것이다. 이것을 어떻게 활용하느냐에 따라 무기의 종류가 달라질 것이고 그 힘도 달라질 것이다.

한 보고서에 따르면 아무리 지적능력이 뛰어난 사람이라도 은퇴 후 아무 일도 하지 않고 집에만 있으면 금방 늙어버려 오래 살지 못한다고 한다. 이 사실은 굳이 연구보고서를 참고하지 않아도 주변에서 충분히 체감하고 있는 사실인데, 그 이유는 아무 일도 하지 않으면 전두엽이 활성화되지 않고 쪼그라들어 삶의 의욕과 자신감이 떨어지기 때문이라고 한다.

모 대학에서 교수를 맡고 있는 G씨는 평소 학생들에게 열정을 갖고 뭐든 도전하라고 가르친다. 그러던 어느 날 졸업반 학생 두 명이 그를 찾아왔다.

"교수님, 졸업하기 전에 교내 벤처 창업을 하려고 합니다. 어떻게 해야 할지 방법 좀 알려주세요."

학생들의 계획을 다 들은 G씨는 한참을 망설였다. 졸업도 하기 전에 뚜렷한 기술 없이 벤처를 한다는 것은 분명 모험이었기 때문이다. 자칫 실패한다면 큰 절망에 빠질 수도 있었기에 신중할 필요가 있었다.

"글쎄, 용기는 가상하지만 교내 벤처 창업을 하려면 이 정도로는 어려워. 벤처는 나중에 생각해보고 졸업 준비나 열심히 해."

학생들을 돌려보낸 G씨는 순간 망치로 한 대 얻어맞은 느낌이 들었다. 강의시간에 학생들에게 강조했던 도전정신은 온데간데없이 벤처에 도전하겠다는 제자들에게 현실에 안주할 것을 조언했기 때문이다. 그로부터 1년 후, G씨는 자신이 말한 도전정신을 보여주기 위해 학교를 그만두고 학생들과 벤처 창업을 시작했다.

만약 G씨가 계속 교수로 남았다면 안정된 삶은 살 수 있었을 것이다. 여전히 학생들을 향해 도전정신의 중요성을 강조하면서 말이다. 그러나 결코 도전하지 않는 도전정신이 만들어지는 것이다.

도전이라는 무기는 목표와 관계가 있다. 목표가 제대로 서지 않으면 도전은 무의미하다. 시간은 도전이라는 무기를 갈고 닦기 위한 준비와 관계가 있다. 도전을 잘하기 위해서는 사전 준비가 철저해야 한다. 우리는 젊은이들처럼 도전의 기회가 많지 않다. 따라서 제대로 된 도전으로 목적을 이루어야 한다.

실패를 대비한 전략도 짜야 한다. 한 번에 성공하면 좋겠지만 사람의 일이란 예측하기 어렵기 때문이다. 따라서 실패를 경험으로 재도전할 수 있는 전략을 세워야 한다. 처음부터 실패를 염두에 두고 목표를 세우는 것과 같다고 생각할 수도 있지만, 실제로 이렇게 하면 성공 확률이 더 높아진다.

우리가 가진 도전정신과 시간이라는 무기를 더욱 강력하게 만들어주는 것은 응원해주는 사람들이다. 가족과 친구들, 지인들의 따뜻한 격려와 응원은 무기를 더욱 강하게 만들어준다. 실제 은퇴 후, 가족들의 응원 속에 자신이 원하는 바를 이루는 경우가 많다. 하지만 응원이 없으면 좋은 무기를 가지고도 실패하는 경우가 많다.

확고한 목표와 철저한 준비만이 내가 살 길이고, 이것이 결국은 은퇴 후의 라이프 스타일을 바꿔준다는 사실을 명심하자.

인생의 멋을 부리자

통계청에 따르면 2009년 한국 남자의 평균 기대수명은 77세고, 여자는 83.8세이다. 40년 전인 1970년보다 18.6세나 늘었다. 이런 추세라면 현재 40세는 90세까지도 바라볼 수 있다는 얘기다. 이는 앞으로 남은 시간이 살아온 시간과 차이가 없다는 것을 의미한다. 그런 시간을 은퇴자니까, 중년이니까 하는 마음으로 지낸다면 얼마나 아까울까.

요즘 헬스장에 가보면 그야말로 꽃중년들이 넘쳐난다. 탄탄한 근육질 몸매를 자랑하며 운동을 하는 그들을 보면 대단하다는 생각을 넘어 같은 중년으로서 자랑스럽기까지 하다.

"아니, 어딜 그렇게 다녀옵니까?"

회사 근처에서 우연히 예전에 다니던 회사의 동료를 만났다.

"아, 네. 김 대표 오랜만입니다. 그냥 볼일이 있어서……"

그는 멋쩍은 듯 대답하더니 가던 길로 향했다. 그가 나온 건물은 다름 아닌 성형외과와 피부가가 들어선 곳이었다.

"중년이라고 이대로 늙을 수는 없다는 생각이 들었지요. 조금이라도 젊을 때 유지해야죠."

나중에 만나 그때의 일을 물어봤더니 정기적으로 피부 관리를 받고 있다고 했다.

요즘은 노무(NOMU)족이 대세라고 한다. 'No More Uncle'이라는 의미로 나이와 상관없이 자유로운 사고와 생활을 추구하는 40~50대를 말한다. 즉 아저씨의 상징인 뱃살, 칙칙한 정장 차림, 권위적인 이미지를 벗어던진 중년 남성들을 지칭한다.

백화점이나 공항면세점 등의 화장품 코너에서 우리는 정장을 잘 차려 입은 중장년층의 모습을 쉽게 볼 수 있다. 화장품뿐만 아니라 옷차림이나 활동도 과거의 중장년층의 그것과는 사뭇 다르다.

내가 알고 있는 한 IT업계의 기술부장 H씨는 올해 48세인데도 불구하고 축구, 야구 같은 정통적인 스포츠뿐만 아니라 스키, 산악자전거, 웨이크보드, 패러글라이딩 등 다양한 레저 스포츠까지 틈틈이 즐긴다.

중년 남성들에게 무어족이 있다면 45~55세 여성들에는 루비족이 있다. 루비족(RUBY)은 삶을 다시 신선하게 만들고(Refresh), 평범한 아줌마임을 거부하며(Uncommon), 아름답고(Beautiful), 젊어 보이는(Youthful) 중년여성들을 일컫는 말이다. 실제로 거리를 가다 보면 나이를 가늠할 수 없는 여성들이 많다.

루비족과 노무족의 가장 큰 특징은 자신을 가꾸고 투자하는 데 많은 노력을 기울인다는 것이다. 이들에게 가장 중요한 것은 건강과 젊음이다. 노화현상은 더 이상 자연스러운 변화가 아니다. 적극적인 노력으로 얼마든지 유예할 수 있다고 생각한다. 그래서 꾸준한 운동과 자기 관리는 필수다. 나이가 들수록 자신을 가꾸고 노력한다는 것은 좋은 일이다.

사실 루비족과 노무족은 경제력과 시간적 여유가 바탕이 되기 때문에 가능하다. 이는 역으로 돈과 시간이 없으면 늙수그레한 중년이 되어야 한다는 얘기다. 참으로 슬픈 일이 아닐 수 없다.

중년층에 불고 있는 루비족이나 노무족의 열풍은 사실 돈과 시간의 한계를 뛰어넘으면 누구나 할 수 있는 것이다. 물론 그 한계를 뛰어넘을 수 있는 사람이 많지는 않다. 결국 4050이 추구해야 할 인생의 멋은 자신에게 투자가 집중되는 삶이 아니라, 이타적이며 다수를 향한 투자가 되어야 할 것이다. 여기서 얘기하는 투자는 경제적인 것을 뛰어넘는 개념이다. 즉 배려, 봉사, 사랑, 관심 등이라고 할 수 있다.

인생의 멋은 결코 20~30대가 부릴 수 없다. 인생이 무엇인지 아직은 잘 모르는 나이기 때문이다. 하지만 4050은 인생의 절반 이상을 살아왔기 때문에 인생이 무엇인지 잘 안다. 그러므로 그 인생의 멋을 어떻게 부려야 할지 누구보다 잘 안다. 젊음을 위해 나에게 투자하는 것도 인생의 멋이지만, 그보다는 이타적 삶을 살면서 사회

의 발전과 안녕을 위한 가치관과 세계관을 보여주는 것이야말로 인

생의 참 멋이 아닐까 한다.

라이프 스타일 이주(移住)

요즘 서구에선 중산층을 중심으로 새로운 트렌드가 형성되고 있다. 바로 '라이프 스타일 이주(移住, migration)'라는 것이다. 매일매일 치열한 경쟁 속에서 앞만 보고 달려온 현대인들에게 '진정한 자아(自我)'를 찾기 위한 새로운 대안으로 주목받고 있다. 라이프 스타일 이주자들은 하나같이 풍요로운 변화를 경험하게 된다고 말한다.

라이프 스타일 이주를 위해서 수입의 상당 부분을 희생해야 하지만, 삶의 충족감이라는 커다란 수확을 거둘 수 있다. 뿐만 아니라 '일과 직장 우선'이라는 오래된 관성에서 벗어나 삶의 품위 그리고 자아존중감을 높일 수 있다. 그리고 가정에서 잃어버렸던 자신의 자리를 되찾게 되고, 헌신과 이타주의(利他主義)를 기반으로 한 지역사회 공동체의 일원으로서 더불어 사는 삶에 대한 책임감을 다시 얻게 된다.

라이프 스타일 이주가 알려질 무렵의 초기엔 은퇴 이후 인생 2모작을 준비하는 노년층이 주를 이루었으나, 최근엔 40대 장년층 및

30대 젊은 층으로 확대되는 추세라고 한다.

60대 이후의 장년층은 대부분 전원주택을 선호한다. 시골에 전원주택을 지어놓고 텃밭을 일구며 자연과 벗 삼아 하루하루 보내기를 희망한다. 자연에 가까운 생활을 할수록 노년의 건강은 그만큼 좋아진다. 그러나 4050세대에서 원하는 라이프 스타일 이주는 노년층의 그것과 조금 차이가 있다.

대기업 D건설회사에서 자재부 차장으로 근무하다 은퇴한 B씨는 그동안 모은 돈의 일부를 가지고 경춘선이 다니는 가평 인근에 집을 장만했다. 이후 B씨는 내 사무실 근처에 오피스텔을 얻어 건축 자재를 중계하는 인터넷 쇼핑몰을 시작하였다.

"아니, 가평 집은 어쩌고?"

50내를 잎둔 B씨의 먼 거리 출퇴근이 걱정되어 물었다.

"전철 타고 가면 되니까 출퇴근도 그리 어렵지 않습니다. 생각보다 많이 걸리지 않아요."

"그래도, 술이라도 한잔 하는 날엔 힘들지 않아?"

"그럴 때는 오피스텔에서 자고 가죠. 사무실 겸 집으로 얻었으니까요."

결국 B씨는 서울과 가평에 집이 두 채 있는 셈이었다.

"아직 나이가 있는데 시골에 내려가 살려니 막막하고, 그렇다고 서울에 있자니 들어갈 돈이 무섭더라고요. 그래서 서울과 가까운 곳으로 집을 마련했습니다.”

B씨는 최대한 금액을 줄이기 위해 큰돈이 드는 전원주택을 짓는 대신 기존에 있는 집을 싸게 구매해 생활에 맞게 개조하였다. 사무실로 쓰는 오피스텔 역시 온 가족이 모두 이용하고 있었다.

시골에서의 생활을 꿈꾸는 이들 중에는 경치 좋은 곳에 전원주택을 짓고 은퇴 후의 삶을 보내겠다는 사람들도 많지만, B씨처럼 도시와 농촌을 오가며 살겠다는 사람들이 늘고 있다. 특히 4050을 중심으로 그 수가 증가하고 있다. 요즘은 서울을 중심으로 천안, 춘천, 양평, 문산까지 지하철이 다니기 때문에 도시와 농촌을 오가는 사람들이 많아졌다.

이와 같은 주거형태를 가리켜 ‘멀티헤비테이션(Multi-Habitation)’이라고 한다. 복수, 여러 개란 뜻의 멀티(Multi)와 주거란 뜻의 헤비테이션(Habitation)의 합성어로 여러 개의 집을 옮겨 다니며 사는 주거유형을 말한다.

이전까지는 ‘라이프 스타일 이주’가 농촌으로의 완전한 이주를 의미했다. 하지만 ‘멀티헤비테이션(Multi-Habitation)’의 삶은 도시와 농촌의 장점을 극대화할 수 있기 때문에 매력적이다. 그리고 요즘은 주말농장이나 농촌 체험의 기회가 많다. 마음만 먹으면 주말농장에서 나만의 텃밭을 가꾸는 일이 가능하다.

이처럼 원하는 시간에 농촌생활을 할 수 있는 ‘시간제 이주’도 가능하려니와 오롯이 자신만을 위한 시간과 공간을 확보할 수 있는 산사나, 시골집 한편에서 하는 '심리적 이주', 도시에 위치한 주거 공간을 시골 분위기로 인테리어한 '상징적 이주'도 나름의 의미를 갖는다. 따라서 라이프 스타일 이주를 '물리적으로 완전한 이주'로 여기기보다는 '내 마음 속 쉼터를 장만한다'는 생각으로 여러 형태로 접근하는 것이 좋겠다.

삶의 온도를 높이는 취미와 봉사

예술적 취미활동

취미생활은 은퇴 후에 선택하는 게 아니라, 평소에 꾸준히 준비했거나 관심이 있는 것이어야 한다. 무엇보다 자신에게 맞는 취미를 찾아야 한다. 취미는 가능한 내가 하고 있는 '일'과 반대되는 것이 좋다.

은행지점장 출신의 D씨는 60세에 퇴임한 후 하루하루가 괴로움의 연속이다. 창업을 하기에는 늦은 것 같고 재취업은 엄두가 나지 않는다. 등산을 다니는 것도 하루 이틀이고, 철 따라 떠나는 여행도 지쳤다.

고위공무원 출신에 정년으로 퇴임한 O씨 역시 D씨와 마찬가지로 하루하루가 괴롭다. 은퇴 이후 당분간은 쉬겠다고 마음을 먹었지만 6개월이 지나자 놀기만 하는 생활이 한계에 부딪힌 것이다.

위의 사례처럼 60대 은퇴자들 중에는 은퇴 이후 무엇을 하면서 시간을 보낼지에 대한 고민으로 괴로운 사람들이 많다. 지금의 4050세대들 역시 이러한 고민을 미리 해두지 않는다면 O씨와 D씨의 사례가 훗날 자신의 이야기가 될 수 있다는 사실을 명심해야 한다.

4050이라면 은퇴에 상관없이 2nd Life의 삶을 위해 취미를 미리 만들어 놓는 것이 좋다. 은퇴 이후에 찾기란 사실상 무리가 있기 때문이다. 4050의 대부분은 재취업이나 창업이라는 경제활동을 계속하기 때문에 여전히 시간에 쫓기게 된다. 삶의 여유를 찾고 행복한 인생의 후반기를 맞이하기 위해서는 지금부터 취미생활을 습관화해야 한다.

요즘 각 방송사 예능프로그램의 대세는 바로 오디션프로다. 젊은 이들이 그동안 갈고 닦은 실력을 마음껏 펼쳐 보이는 동시에 그들의 꿈을 이룰 수 있는 좋은 기회가 아닐 수 없다. 유사 프로그램들이 우후죽순으로 생기면서 식상한 면이 없지 않지만 오디션프로의 장점은 꿈이 있는 자들에게 기회를 준다는 데 있다. 비록 탈락의 쓴 맛을 볼지언정 자신의 재능을 원 없이 펼칠 수 있다는 것은 굉장한 경험이라고 생각한다.

오디션프로그램은 아니지만 모 방송국에서 '청춘합창단'을 조직해 하모니를 만들어가는 과정을 보면서 필자는 깊은 감명을 받았다. 평소 잘 알고 지내던 어떤 후배는 프로그램을 시청한 이후 실제로 합창단 단원이 되기 위해 오디션을 보러 다녔다. 결국 그는 10여 곳에서 오디션을 본 끝에 합창단원이 되었다. 늘 삶에 대한 불만과 사회에 대한 불신으로 가득했던 그는 합창단 생활 6개월 만에 완전히 다른 사람으로 바뀌었다. 본인도 놀랄 만큼 긍정적이고 활기차며 유쾌한 사람으로 변해 있었다.

대부분의 취미는 사람들에게 위안과 즐거움을 주지만, 합창과 같은 예술 관련 분야는 그 효과가 더 큰 것 같다. 예술은 그 자체만으로도 삶을 진지하게 돌아보게 하고, 현실을 직시하게 하는 힘이 있다. 특히 합창처럼 다른 단원들의 소리를 듣고 자신의 소리를 맞춰야 하는 하모니를 중요시하는 예술은 조화와 일체에 대한 철학을 깨우치게 한다.

한 분야에서 오랜 세월 일을 계속하다 보면 '생활의 달인'이 되는 것처럼 취미생활도 그에 못지않은 예술적 경지에 이르기를 바란다. 삶의 철학을 다시금 깨우치고, 나를 돌아볼 수 있도록 말이다.

자원봉사하기

　P씨는 얼마 전 회사로부터 정리해고 통보를 받았다. 퇴직 후에 대한 설계가 전혀 안된 상태였기 때문에 무척 당황스러웠다. 글로벌 경제위기로 인한 수출 감소와 내수시장의 악화로 회사에서 구조조정을 단행한 것이다. 평소에 20년 장기근속을 자랑스럽게 여기던 그는 자신이 정리 대상 1순위가 될 줄은 꿈에도 생각하지 못했다.

　이후 P씨는 무엇을 어떻게 해야 할지 몰라 한동안 넋을 놓고 있었다. 아침부터 저녁까지 멍하니 앉아 TV리모컨만 만지작거렸다. P씨는 그렇게 6개월간 TV만 보면서 지내다가 결국엔 중독 상태에 이르고 말았다. P씨가 특히 TV에 몰두했던 시간은 오전 9시부터 저녁 6시까지다. 평소 같으면 회사에서 열심히 일할 시간이었다. 그 시간대에 아무런 할 일이 없어지자 불안 증세가 나타났고, 이를 해소하기 위해 TV를 보았던 것이다. 그는 결국 가족의 권유로 정신과 상담을 받았고, 지금은 창업교육센터에 다니고 있다.

　통계청 조사에 따르면 우리나라 사람들이 여가 시간에 가장 많이 하는 것이 TV 시청(62.7%)이라고 한다. 그다음은 휴식과 수면이

50.7%를 차지했다. 60대가 넘어가면 10명 중 6명(60.0%)은 주말이나 휴일에 주로 TV를 시청하며, 하루 평균 TV 시청 시간이 전체 평균(2.34시간)보다 1시간가량 더 길어진다고 한다.

평소에 바쁜 일과로 TV를 볼 기회가 없는 4050도 은퇴를 하고 나면 TV 시청 시간이 급격하게 늘어난다. 이때 스스로 TV 시청을 조절할 수 있는 연습을 하는 것이 좋다. 봐야 할 프로그램을 미리 정해서 그 시간 외에는 다른 일을 하도록 해야 한다. 야외활동을 하는 것도 좋은 방법이긴 하지만 특별한 볼 일 없이 무작정 밖으로 나가는 게 쉬운 일은 아니다.

은퇴생활 기간의 자원봉사는 무료한 삶에 활력을 불어넣어 준다. 또 삶의 보람과 만족감, 나아가 마음의 평화를 가져다준다. 또한 본인이 사회에 유익한 존재라는 긍정적인 감정과 더불어 잃어버렸던 사회적 지위와 역할을 되찾는 효과가 있다.

1986년 서울 아시안게임이 열릴 때 수많은 시민과 학생들이 자원봉사활동을 했다. 아마 대규모 자원봉사의 시초가 아닐까 싶다. 그때 대학생이었던 P씨도 수많은 경쟁자를 누르고 자원봉사자로 활동을 했다. 그는 종종 당시의 경험을 자랑하곤 한다.

그는 46세의 나이로 은퇴를 했다. 그동안 잘나가는 벤처기업의 부사장까지 지내면서 알뜰하게 돈을 모아 남들에 비해 많은 은퇴자금을 모을 수 있었다. 그는 그 돈으로 가난한 사람들이 마음 편히

와서 식사할 수 있는 밥집을 열 계획이다.

"제가 남을 위해 봉사하는 것은 그동안 받은 것에 대한 사회 환원입니다."

그는 자신이 지금의 위치에 있을 수 있는 이유는 보이지 않는 많은 사람들의 도움이 있었기 때문이라고 말한다.

자원봉사와 같은 여가 활동은 자신이 타인에게 필요한 존재라는 확신을 갖게 해준다. 하지만 권위와 체면을 중요시하는 유교주의적 사고, 남보다 가족을 우선하는 가족주의적 성향, 보수적인 사고가 은퇴 후의 사회적 역할 상실 등과 겹치면 더욱 마음이 닫혀 봉사활동하기가 어렵다. 4050 이후의 자원봉사 형태를 보면 남성보다 여성이 월등히 많고 적극적이다. 그리고 자원봉사의 종류도 훨씬 다양하다. 반면 남성들은 몸으로 직접 부딪치는 봉사보다 기부 등과 같이 잘 드러나지 않는 형태의 봉사활동을 좋아한다.

어떤 형태든 봉사활동을 한다는 것은 좋은 일이다. 그러면서 서서히 유교적이고 보수적인 사고에서 벗어나도록 해야 한다. 특히 직접 몸으로 부딪치는 봉사활동을 권한다. 요즘은 취미로 요양보호사 자격증을 따 전문적인 봉사활동을 하는 사람들도 많다. 누군가는 취미로 배운 마술을 어린이집이나 유치원을 다니며 아이들에게 보여주는 마술 강사로 활동하기도 한다. 봉사활동은 일회성으로 끝나는 성질의 것이 아니므로 지속적이어야 하고 또 전문적이어야 한다.

자서전은 잘난 사람만 쓴다고?

인생을 끝마치면서 고작 유언이나 몇 마디 남기고 부랴부랴 생을 마감할 것인가? 비록 대단한 인생은 아니었더라도 사랑하는 가족과 친지, 친구들에게 나지막한 인생 고백을 해보는 건 어떨까? 이 얼마나 의미 있는 삶의 마무리인가.

한 사람의 생애는 단 한 줄의 묘비명으로도 표현할 수 있다. '우물쭈물하다가 내 이럴 줄 알았다'와 같은 버나드 쇼의 묘비명은 두고두고 곱씹을 만한 명문장이다. 하지만 우리는 흔히 말한다.

"내가 살아온 일생은 너무 파란만장해서 다 풀어내면 소설책 10권으로도 모자랄 거야."

누구나 일생을 정리해야 하는 시기가 오면 자신의 삶이 어떠한 흔적으로 남기를 바란다. 적어도 친구들과 가족은 나를, 내 삶을 기억해주기를 바란다. 만약 내가 어떤 사람이었는지, 그리고 어떻게 살았는지 이야기를 남기고 싶다면 자서전을 써라.

세상에는 수많은 자서전이 있다. 그것은 유명한 사람의 것일 수도 있고 아닐 수도 있다. 중요한 것은 유명한 사람이나 무명한 사람

모두 인생의 무게는 다르지 않다는 것이다. 이 세상에서 묵묵히 성실하게 살아온 당신도 충분히 자서전을 쓸 자격이 있는 것이다.

자서전을 쓰기 위해서는 먼저 자료를 수집해야 한다. 자신에 대한 각종 문서나 사진, 자질구레한 증명서까지 본인의 삶을 이야기할 수 있는 것은 모두 수집한다.

메모를 하는 것도 좋지만 녹취하는 것도 좋은 방법이다. 녹음을 하기 전 어느 시기에 관한 일인지 먼저 운을 떼고 시작하면 나중에 정리할 때 편하다. 이야기의 전개방식으로는 일어난 사건이나 에피소드를 중심으로 이끌어 나가는 방법, 시간의 흐름을 버리고 주제별로 이야기하는 방법 등이 있다. 자신이 원하는 방식을 취하면 된다.

자서전을 쓸 때 가장 망설여지는 것이 자신의 문장 실력일 것이다. 글이란 마력과도 같아서 펜을 들고 종이와 마주한 채 자신의 이야기를 할 때면 철학자가 되기도 하고 시인이 되기도 한다. 그 당시 자신의 솔직한 감정과 느낌과 생각을 담아내는 것이 문장력보다 더 중요하다. 원한다면 전문 작가의 도움을 받을 수도 있다.

자서전을 책으로 만들 때 반드시 출판사를 거칠 필요는 없다. 요즘은 인터넷에 소량으로 자신만의 책을 만들어주는 업체가 많다. 출판의 유통구조를 거쳐 서점에서 판매되는 것을 원하지 않는다면 필요한 만큼만 제작할 수도 있다.

사실 '나는 아직 자서전을 쓸 나이가 아니야'라고 생각하는 4050

이 많다. 아직 한창 때인데 자서전을 쓴다는 것이 너무 빠르게 느껴질 수도 있다. 자서전은 인생 끝물에 쓰는 유언장이 아니다. 긴 안목으로 봤을 때 인생 1부를 미리 정리해둔다고 생각하면 편할 것이다. 막상 노년이 되어 자서전을 쓴다고 하면 기억력 감퇴, 자료의 분실, 의욕상실 등의 이유로 시작도 못해 보고 포기하는 경우가 생기기 때문이다.

함께 행복할 수 있는 길

배려하는 습관

4050세대는 자신보다 가족을 위해, 사회를 위해, 타인을 위해 늘 바쁜 나날을 보낸다. 그러나 정작 은퇴 이후에는 가족으로부터, 친구로부터, 사회로부터 소외되는 일이 많다.

얼마 전 유통회사에서 25년을 근무하고 부장으로 은퇴한 P씨는 요즘 틈만 나면 나를 찾아온다.

"집에만 있기도 그렇고……. 이렇게 갈 곳이 없는 줄 몰랐어요."

"학원이나 평생교육센터 같은 곳을 알아보세요. 유익한 프로그램이 많아요."

"잘 알고 있는데, 제가 낯가림이 심해서 적응하기가 어렵네요."

일만 아는 P씨를 직장 동료들은 '돌부처', '외계인', '독종부장'으로 불렀다. 그는 직원들과 회식도 거의 하지 않을 만큼 일에 있어서 조금의 여유도 갖지 못하고 살아왔다. 직장생활을 핑계로 동창들과의 연락도 거의 끊긴 상태였다.

"사회생활은 사람들과의 관계가 중요해요. 은퇴 후에는 더욱 그렇죠. 지금이라도 조금씩 노력해보세요."

그는 요즘 등산동호회에 가입해서 한 달에 두 번씩 산에 간다. 사람들과의 관계가 중요하다는 사실을 몸소 느끼고 있다고 한다.

인생 후반전을 살찌게 하기 위해서는 돈보다는 건강, 성숙한 인격, 주변 사람들과의 원만한 관계가 중요하다. 같은 시대를 살아가는 내 주변 사람들은 은퇴 후의 삶을 지탱하는 심리적 지지대가 되어주기 때문이다. 언제 어느 상황에서도 그들과 대화할 수 있는 창구를 만들어야 한다. 은행이 문을 닫아도 급할 때는 24시간 ATM기를 이용해 현금을 찾을 수 있는 것처럼, 필요할 때 언제든 자신의 말벗이 되어줄 창구를 만들어야 한다.

그러기 위해서는 한 살이라도 젊고 건강할 때 주변 사람들에게 따뜻한 배려와 관심을 베풀어야 한다. 서로 소통하고 함께 도전하며 웃을 수 있는 사람들을 내 곁에 두어야 한다. 이는 유쾌한 노후를 위한 가치 있는 투자이다.

우리는 늘 '왜 진작 그렇게 하지 못했을까?', '좀 더 내 감정을 일찍 표현했으면 좋았을 걸' 하고 뒤늦은 후회를 한다. 절망을 이기고, 고통에서 벗어나게 해주고, 더욱 행복하게 해주는 것은 결국 사람이라는 사실을 기억해야 한다.

Tip 은퇴 전에 해야 할 일

- 가족과 정기적인 모임을 갖는다.
- 주변인들에게 전화를 자주 하자. 전화가 힘들면 문자나 소셜네트워크를 이용하자.
- 공동모임을 갖자.
- 봉사활동 등의 사회적 활동을 정기적으로 하자.
- 주변 사람들의 행동이나 성격을 이해하자.
- 상대방의 말은 부질없어도 존중하자.
- 지구환경 등 자연에 관심을 기울이자.

노년의 친구

어느 순간 내 삶을 뒤돌아보았을 때 홀로 남겨져 있는 듯한 외로움을 느낀 적이 있을 것이다. 물론 나에게는 가족도 있고 주변에 좋은 사람들도 많다. 그런데도 무언가 허전한 느낌이 드는 건 왜일까.

몇 해 전 '아이러브 스쿨'이라는 사이트가 흥행하면서 동창모임이 활성화되기 시작했다. 이를 계기로 '반갑다, 친구야'라는 TV프로그램이 생겼을 정도였다. 필자 역시 오랫동안 잊고 지냈던 친구들을 만나는 재미에 동창모임에 참석하곤 했다.

나의 과거를 함께 공유하고 있는 사람, 나의 과거를 가감 없이 이해해줄 수 있는 사람, 의지하며 앞으로 나아갈 수 있는 사람이 바로 친구다. 늙어버린 친구의 모습 속에서 지난 세월과 살아온 흔적을 읽으며 마음을 나눌 수 있는 시간은 참으로 소중하다.

서글서글한 눈매에 항상 웃는 얼굴인 J씨는 약속을 잡기가 어려울 정도로 주위에 사람들이 많다. 그러던 어느 날, 모임에서 만난 J씨의 얼굴이 평소와 다르게 침울해 보였다.

"J씨 무슨 일이 있나요? 표정이 어두워 보여요."

"네, 제 친구가 그저께 죽었답니다."

우리 나이가 되면 결혼식보다는 상갓집에 가는 일이 많아질 수밖에 없다. 얼마나 친한 사이였기에 그리도 침통한 표정으로 앉아있는 것인지 걱정스러웠다.

"어릴 때 친구인가 봐요."

"아뇨. 작년에 우연히 알게 된 친구예요."

보통 친구라고 하면 '어릴 적 친구'를 일컫는 것이 일반적인데, 안 지 1년밖에 되지 않았다는 말에 솔직히 좀 놀라웠다.

"그에게 저는 유일한 친구였거든요. 고등학교를 졸업하고 바로 직장생활을 하다 보니 친구를 만날 시간이 없었데요. 작년에 등산 모임에서 우연히 만났는데……."

죽은 그는 J씨를 만나기 전까지 소심한 성격 탓에 변변한 친구 없이 홀로 외롭게 지냈다고 한다. 그 사실에 필자는 죽은 이를 탓하기보다 사람을 소중하게 생각하는 J씨의 성품에 감탄할 수밖에 없었다. 그의 주변에 사람이 많을 수밖에 없는 이유를 확실히 알게 된 것이다.

미국 테일러대의 총장이었던 제이 케슬러는 자신이 죽었을 때 만사를 제쳐두고 장례식에 참석해줄 친구를 적어도 8명을 갖는 게 자신의 소원 중 하나라고 말했다. J씨 같은 친구를 알고 지낸다는 사실이 새삼 고마워지는 순간이었다.

좋은 친구는 마치 산과 같아서 기꺼이 새들과 짐승의 안식처가
되어준다. 늘 그 자리에서 나를 반겨주며, 생각만으로도 마음이 편
안해지는 그런 존재인 것이다. 때로는 땅과 같아서 싹을 틔우고 곡
식을 길러내며, 누구에게도 조건 없이 기쁜 마음으로 베풀 수 있는
한결같은 마음의 소유자다.

'친구란 내 슬픔을 등에 지고 가는 자'라는 인디언 속담이 있다.
주변에 마음 편히 함께 울고 웃을 수 있는 친구가 있는지 여유를 갖
고 생각해볼 일이다.

외롭지 않은 시니어

시니어가 되어 외롭지 않으려면 나를 원로로서, 또는 만나고 싶은 친구로서 불러주는 사람이 많아야 한다. 나는 보고 싶은 후배도 많고, 만나고 싶은 친구도 많은데 정작 아무도 나를 불러주지 않는다면 난감하다. 그때부터 '나'는 외로워진다.

필자의 친구 중 근면하고 성실하며, 지갑도 잘 열고 모임 주선에도 적극적인 사람이 있다. 그런데 어찌 된 일인지 그에게는 좀처럼 누군가 찾아오는 일이 없다. 왜일까?

그 이유를 생각해보았다. 그는 아주 가끔이지만 함께 있던 사람이 민망할 정도로 화를 낸다. 그가 화를 내는 이유에 타당성이 없는 것은 아니다. 다만 그 정도가 지나쳐 수습하려는 주변인을 난감하게 하고, 시간이 지나서도 화를 낸 이유에 대해 스스로를 정당화한다. 다 좋다. 그러나 주변 사람들은 모두 떠난다. 나이가 들면 고집이 세지고 자기 정당성에 대한 확신이 강해져 쉽게 화를 낼 수 있다. 하지만 꼭 명심하자. 본성대로 행동하면, 또 이 행동이 반복되거나 과하면 혼자 남게 될 것이다.

갑의 위치로 살아온 사람들은 퇴직해서도 그 태도가 몸에 배어 있다. 그의 의견이 옳든 그르든 주변 사람들이 대개 고개를 끄덕여 주었던 습관이 몸에 배어서 자기주장을 굽히지 못한다. 평생 접대만 받아서 자기 차례가 되었는데도 돈 낼 줄도 모른다. 일부러 내지 않으려고 의도하는 것도 아니면서 그렇다. 몸에 밴 태도 바꾸기가 쉽지 않기 때문이다.

갑 출신 중 머리가 좀 깨어 있거나 축적한 재물이 조금 되는 사람은 그나마 지갑이라도 잘 연다. 그러나 명심하자. 이 문제는 지갑을 잘 여는 것과는 별개이다. 전직이 갑이었을 뿐이지 주변사람 어느 누구도 이제는 을이 되는 것을 즐기지 않는다. 이 사실을 철저히 인식하고 커뮤니케이션의 태도를 완전히 바꾸어야 한다. 옛날에 을이었으며 앞으로도 영원히 을일 사람들하고만 어울리다가 죽을 수 있다면 모를까!

웰다잉, 아름다운 마무리

왜 끝남이 아니라 돌아가는 것인가?

인간은 누구나 한 번은 반드시 죽음을 맞이하게 된다. 그리고 나를 이 땅에 있게 한 부모님, 은사님, 선배님들의 죽음을 우리는 '돌아가셨다'라고 표현한다. 나와 인연을 맺고 먼저 간 모든 사람들은 죽은 것이 아니라, 나와 절연한 상태가 아니라, 단지 왔던 곳으로 다시 되돌아간다. 육신은 이 땅에 묻혀 자연이 되지만 영혼은 처음 인간이 왔던 곳으로 돌아간 것이다. 그리고 그 영혼이 다시 인간 세계로 윤회할 것을 믿고 기원하며 축원한다.

인간이 왔던 그곳을 불교는 물, 유교는 흙, 기독교는 주를 상징하는 십자가, 도교는 연이(然而)라고 한다. 이는 죽음을 하나의 순환 원리로 생각하고 있기 때문이다. 끝남이 아니라 새로운 시작을 위한 현재의 마감일뿐이다. 임종(臨終)은 곧 주어진 임무를 마감하는 것이다.

우리는 결국 누구와도 이별을 할 수밖에 없다. 천년만년 영원히 함께 살 수 없다는 사실을 너무나 잘 알고 있다.

한편 인간은 죽음에 대한 원초적인 두려움을 가지고 있다. 아무리 의연하고 강인한 사람이라 하더라도 바로 눈앞에 닥친 죽음 앞에서는 스스로를 주체할 수 없게 된다. 왜 인간은 죽음을 원초적 두려움의 대상으로 삼고 있을까? 그것은 아마 일평생을 살아도 죽음에 대한 경험은 절대 할 수 없기 때문이다. 간혹 죽음의 문턱에서 돌아온 사람들의 이야기가 전해지지만, 사후 세계는 명확히 알 수 없다. 결과적으로 우리는 결코 죽음을 경험할 수 없다. 즉 죽음을 준비하거나 대비할 수 없기 때문에 원초적인 두려움이 생길 수밖에 없는 것이다.

이런 두려움을 극복하고 위로받는 방법으로 인류는 윤회를 생각하게 되었다. 삶과 죽음과 다시 태어남의 순환의 사고는 인류가 진화하면서 점점 견고해져갔고 또 신앙이 되었다. 언젠가 다시 찾게 될 이승에서의 마감은 완전한 끝이 아닌 새로운 시작을 위한 정리라고 해야 한다. 왔던 곳으로 돌아가 이승에서의 고단한 몸을 잠시

뉘이고 쉬면서 다시 찾을 이승을 꿈꾸는 것이다.

죽음을 생명의 순환 고리, 이승으로 다시 찾아오기 위해 왔던 곳으로 돌아가는 것이라면 어떻게 죽음을 맞이하는 것이 좋을까? 어떻게 죽는 것이 좋을까?

최근 몇 년 사이 웰빙의 바람을 타고 많은 사람들이 잘 먹고 잘 살기에 대한 기대와 노력을 아끼지 않고 있다. 이와 더불어 '웰엔딩' 혹은 '웰다잉(Well-dying)'에 대한 관심도 높아지고 있는 추세다. 사실 몇몇 단체와 종교시설에서는 죽음을 대비하는 다양한 프로그램을 진행하고 있다. 죽음에 대한 두려움을 다스림으로써 삶을 좀 더 의미 있게 만들고자 하는 것이다. 누구나 겪는 죽음을 아름답게 맞이하자는 움직임이다.

'웰엔딩' 혹은 '웰다잉'은 사실 자신의 정체성을 찾고 현재의 자신을 완성해나가는 하나의 수도자적인 측면이 강하지만, 죽음에 대한 두려움을 없애고 삶을 윤택하게 하고자 하는 취지로 이해하는 것이 좋겠다.

현재 많은 프로그램이 진행되고 있지만 공식적인 기록에 의하면 국내 최초로 죽음 준비에 대한 중요성을 주장한 곳은 1991년 발족한 '삶과 죽음을 생각하는 회(www.kakdang.or.kr)'이다. 이 단체는 죽음 준비 교육을 통해 죽음에 대한 공포를 없애고, 풍요로운 삶을 모색하는 데 목표를 두고 있다. 죽음의 철학과 죽음 준비 교육의 필요성을 알리는 공개강연회, 슬픔 치유를 위한 소그룹 상담 등을 펼쳐왔고, 2002년부터는 죽음 준비교육 지도자 양성에도 주력하고 있다.

또한 대원사는 2005년 1월부터 '죽음을 어떻게 맞이할 것인가' 라는 주제로 템플스테이를 진행해왔다. 죽음을 윤회의 관점에서 바라보는 불교의 가르침은 '죽음은 끝이 아니라 또 다른 삶의 과정'이란 깨달음을 주기에 충분한 것이다. 일반인의 참여율이 높은 대원사의 프로그램으로 죽음을 맞이한 자신을 위해 기도하는 바르도 체험, 티벳박물관 관람 등이 있으며 이를 통해 많은 참가자들이 마음의 안식과 평화를 얻고 있다.

'굿바이메일(www.goodbyemail.com)' 등과 같은 미리 준비한 유언이나 메시지를 본인 사후에 이메일과 우편으로 전달해주는 인터넷 유언장 서비스도 각광을 받고 있다. 사고로 갑자기 고인이 되었을 때 미리 작성해 놓은 유언 메시지를 지인들에게 전달해준다. 또한 유명 인사 40명의 유언장을 공개해 화제가 된 인터넷 사이트 '마이윌(www.mywill.co.kr)'은 소비자가 주변의 소중한 사람들에게 전하지 못했던 메시지를 문자나 동영상 등으로 남길 수 있도록 하고 있다. 서비스 이용자가 2만 명이 넘을 정도로 인터넷 유언 문화는 점점 일상으로 파고들고 있다.

죽음을 준비하는 과정은 자신의 삶, 자신과 관계 맺어진 모든 것,

온전한 자신에 대한 새로운 발견을 가능하게 한다. 이러한 경험은 자신의 정체성을 확고하게 다지는 역할을 한다. 이를 통해 마치 안 개 속과 같았던 미래에 대한 생각들이 좀 더 명료해지는 경험을 할 수 있을 것이다.

애플, 스티브 잡스의 생각

"곧 죽을 것이라는 생각은 내가 인생에서 큰 결정들을 내리는데, 도움을 준 가장 중요한 도구였다. 죽음은 새로운 것이 옛것을 대체할 수 있도록 해주는 삶이 만든 최고의 발명이다."

최근 세상을 떠난 스티브 잡스가 지난 2005년 미 명문 스탠퍼드 대학의 연설에서 췌장암으로 6개월 시한부 선고를 받았다는 사실을 밝히며 한 말이다. 죽음을 자연스럽게 받아들임으로써 새로운 삶의 에너지를 얻은 잡스는 자신의 지나온 생을 정리하며 남은 생을 더 풍요롭게 가꿀 수 있었던 것이다.

'웰다잉'이 대두되기 시작한 것은 지난 2009년 2월 선종한 고 김수환 추기경이 생명 연장 치료를 거부하고 자연스런 죽음의 과정을 받아들이면서부터이다. 고 김수환 추기경은 병세가 악화되기 시작한 2008년 말부터 인공호흡기와 같은 기계적 치료에 의한 무의미한 생명 연장을 거부해왔다. 이와 함께 2009년 2월 서울고등법원은 환자 K씨의 가족이 세브란스 병원을 상대로 낸 연명 치료 중단 민사소송에서 환자의 연명 치료를 중단하라는 판결을 내렸는데, 이로 인해 존엄사와 안락사에 대한 사회적 공론을 일으킨 바 있다.

사실 웰다잉은 존엄사에만 국한되는 것이 아니라 그 범위가 굉장히 넓다. '건강하게 살다 평안하게 임종을 맞이하는 죽음의 문제를 진지하게 고민하는 것'이 웰다잉이다. 그러기 위해서는 죽음을 맞이하는 과정이 중요하다. 죽음의 선고를 받은 이후가 아니라 젊었을 때부터 언젠가는 죽게 될 나를 위해 미리 준비하는 것이다.

웰다잉을 위해 꼭 필요한 것이 바로 죽음 준비 교육이다. 서구에서는 1970년대 죽음 교육을 공론화하고 학교에서 이를 실시하고 있다. 하지만 우리나라의 경우 웰다잉 열풍이 불면서 시작된 관련 단체의 단편적인 교육이 전부이다. 지난해 영국 이코노미스트지 산하 E.I.U가 OECD 회원국을 비롯해 40개국을 대상으로 '죽음의 질'을 조사한 결과 한국은 32위였다. 세계 10위권을 자랑하는 경제 규모에 비해 취약한 죽음문화를 단적으로 드러낸 지표이다.

『웰다잉 다이어리』(재니스 A. 스프링-마이클 스프링, 바롬웍스)는 임상심리 전문가인 딸이 '웰다잉'을 준비하는 아버지의 하루하루를 일기 형식으로 리얼하게 담은 호스피스 병상일기다. 이 책에는 연명치료의 문제와 필요성이 부녀의 체험을 통해 생생하게 서술되어 있으며, 인생의 영원한 마침표인 죽음에 대한 생각과 그것을 맞이하는 자세가 차분하게 담겨있다. 특히 어머니가 돌아가시고 난 뒤, 혼자 남은 아버지의 5년간의 고단한 여정을 통해 삶의 진정한 의미를 되찾고 죽음을 맞이하는 과정을 사실적으로 보여주고 있다.

웰다잉을 위한 죽음 준비 교육은 어린이부터 노인에 이르기까지 모든 연령대가 받아야 할 교육이라고 전문가들은 지적한다. 독일의 경우 어릴 때부터 죽음 교육이 생활화되어 있지만, 우리나라의 경우 죽음 교육의 부재로 인해 자신을 비롯한 주변인의 죽음에 효과적으로 대처하는 방법을 모른다. 그것은 아마 죽음을 이야기하는 것 자체가 부정적이고 부도덕한 것으로 여겨졌던 우리 특유의 문화 때문일 것이다.

죽음 교육은 죽음에 대한 금기와 공포를 극복하고 현재의 삶을 되돌아볼 수 있는 계기를 제공한다. 또 가족의 소중함과 용서와 화해 등 묵은 감정을 정리할 수 있는 효과를 가져다줄 것이다.

서울에서 쉽게 웰다잉을 공부할 수 있는 곳이 있다. 강남에 있는 전통사찰 '봉은사'에서 정기적으로 웰다잉 교육(1주일 과정)을 운영 중이다.

Tip　죽음을 만나기 전에 생각할 10가지

- 죽음을 받아들이자.
- 죽음에 대한 무지를 깨우치자.
- 아름다운 죽음을 위해 깊이 사색하자.
- 두려움을 이기기 위해 미리 죽음을 공부하자.
- 죽음과 친해지자.

• 자신의 죽음을 스스로 선택하자.

• 죽음 준비 교육에 관심을 갖자.

• 죽음을 이해하면 삶이 풍성해진다.

• 죽음을 사랑하자.

• 죽음 준비를 지금부터 시작하자.

버킷리스트를 작성해보자

2011년 종영한 인기 드라마 '여인의 향기'는 시한부 인생을 통보받은 한 여인이 얼마 남지 않은 기간 동안 자기가 꼭 하고 싶은 일들을 '버킷리스트'에 적어 놓고 하나씩 실천해나가는 이야기를 담고 있다. 드라마 덕분에 '버킷리스트'라는 다소 생소한 단어가 연일 화젯거리였다.

'버킷리스트'는 자기의 삶이 얼마 남지 않았음을 알고 죽기 전에 하고 싶거나 보고 싶은 것들을 적은 목록을 말한다. 이는 중세시대에 목에 밧줄을 감은 죄수를 양동이 위에 세워 놓고 교수형에 처할 때 집행관의 "양동이 차(Kick the bucket!)"라는 말에서 유래되었다고 한다.

드라마의 영향 덕분인지 요즘 20~30대 남녀 직장인 10명 중 7명은 자신만의 버킷리스트를 가지고 있다고 한다.

버킷리스트를 작성한 젊은이들은 길게는 10년, 짧게는 1년 안에 꼭 해보고 싶은 것을 작성하기도 하고, 어떤 사람은 '내가 앞으로 2년만 살게 된다면'이라는 전제하에 리스트를 작성한다. 진지하게 자신의 삶을 돌아보는 것에서부터 미래의 꿈과 희망을 그려보고 아주 현실적인 욕망에 대한 리스트를 작성하기도 한다.

당장 '버킷리스트'를 작성해보자. 은퇴를 앞두고 있다면 은퇴 후 하고 싶은 일, 가고 싶은 곳, 갖고 싶은 것, 보고 싶은 것, 가족에게 해주고 싶은 것 등 자신에게 맞는 주제를 정하면 된다. 재취업이나 창업을 준비하고 있다면 그 바람을 리스트로 작성할 수도 있겠다. 그리고 '버킷리스트'의 작성 주기를 6개월, 1년, 혹은 5년에서 10년 단위로 정하는 것이 좋다. 마지막으로 '버킷리스트'의 목록이 무엇이 되었든, 중요한 것은 실천이다.

창업에 관한 평범한 진실

돌다리도 두드려라

창업컨설턴트와 상담하라

짧아진 정년으로 많은 은퇴자들이 재취업보다는 창업을 선호하는 경우가 많다. 은퇴 후의 재취업은 자의든 타의든 또 한 번의 은퇴를 겪어야 하기 때문이다.

하지만 창업은 재취업보다 리스크가 크다. 창업자들 대부분이 철저한 시장조사와 적절한 창업 아이템을 선택했다고 자신하고 사업을 추진하지만, 예기치 못한 변수들로 인해 사업이 위기를 맞기도 한다. 따라서 이처럼 리스크가 큰 창업을 안정적으로 운영하기 위해서는 창업에 필요한 적절한 준비와 최신 정보 등으로 무장한 자신만의 노하우가 필요하다.

좋은 창업아이템을 찾았으면 시장조사보다 먼저 그 업종의 창업 컨설턴트와 상담하라고 권하고 싶다. 필자는 이 과정을 거치지 않고 창업학교를 다녔는데, 과외비용을 너무 많이 지출하고 결국은 실패하였다. 창업학교는 이미 창업하였거나 창업할 아이템이 정해진 사람들을 대상으로 창업프로세스, 정부의 지원제도 및 법규에 관한 일반적인 교육이 이루어지므로 창업 컨설턴트와의 개별 상담 과정과는 성격이 아주 다르다.

1997년 IMF사태 이후 우리나라에서 가장 크게 성장한 사업 분야 중 하나가 각종 컨설팅 비즈니스이다. 창업 분야의 경우, 창업자가 가보지 않은 길을 시뮬레이션 기법으로 컨설팅하여 창업 시 고려사항과 위험성, 시장조사의 방향까지 안내해준다.

컨설팅을 받을 때는 컨설턴트나 다른 조언자의 비판에 쉽게 좌절하지 말아야 한다. 의견은 겸허히 수용하되 인내심을 갖고 같은 업태 내에서 보완책과 대안을 찾아야 한다. 업태를 바꿔서 검토하는 것은 그만큼 본인의 역량과 전문성에서 멀어지는 위험을 수반하기 때문이다. 창업은 돌다리를 두드리며 강을 건너는 것과 같다. 확신이 설 때까지 여러 번 컨설팅을 받을 수 있는 끈기를 가져야 한다.

IMF 이후 많은 실직자들에게 새로운 희망을 가져다준 것이 바로 창업이다. 하지만 국내 창업시장의 제반 여건과 시스템에 구조적인 문제들이 많다. 대체적으로 요약하면 다음과 같다. 창업을 희망하는 사람들은 한 번쯤 생각해봐야 할 문제들이다.

1. 수익성 과대 포장, 아이템 베끼기 등으로 예비창업자들을 현혹시키는 프랜차이즈 본사의 횡포와 실종된 창업윤리

2. 인가된 사단법인 단체 또는 비인가 단체를 포함해 대부분 그 활동이 미미하거나, 특정 프랜차이즈 본사들의 가맹점 모집을 위한 전위대로 전락한 창업 관련 단체들

3. 창업교육 및 실무경험이 전무한 창업컨설팅회사의 난립. 나아가 검증되지 않은 무분별한 창업컨설팅 회사의 난립, 오히려 창업과정 중에 발생하는 제반 문제를 점검하고 지원하는 프로세스 지원형 프로그램의 운영이 필요함.

4. 지방자치단체들의 차별성 없는 획일적인 창업박람회

5. 현실과 동떨어진 벤처 중심의 창업정책이 아닌 소자본 생계형 창업, 인터넷 창업, 유통업, 외식 창업, 서비스 창업 등의 분야에서 차별화된 창업지원정책의 개발이 필요함.

6. 부모세대와 자녀세대가 공동으로 창업하는 2세대 공동창업을 장려하는 지원모델이 전무하다. 2세대의 공동창업은 일자리 부족 문제를 해결하는 동시에 장년의 자본, 경험과 청년의 체력, IT 실력이 결합되어 성공확률이 아주 높다. 이 문제는 필자가 앞으로 보다

심도 있게 검토해 나가려는 분야이다.

위에서 언급한 문제들 외에도 전문가와 유경험자의 조언을 면밀히 검토하고 실행할 필요가 있다. 즉, 너무 서두르지 않는 것이 좋다. 그리고 창업컨설팅회사와 교육기관에서 실제로 상담하거나 교육받을 때는 그 기관을 사전에 충분히 검증할 필요가 있다.

브랜드전략에서 유의할 점

"김 사장님, 오늘 약속은 좀 어렵겠습니다."

퇴근시간에 맞춰 약속장소로 가기 위해 준비하고 있던 나는 상대방으로부터 만나기 어렵다는 연락을 받았다.

"그래요? 무슨 급한 일이 생겼습니까?"

"아, 네. 자세한 이야기는 나중에 할게요. 정말 죄송합니다."

미리 전화라도 주었으면 다른 약속이라도 잡을 수 있었을 텐데, 하는 아쉬움이 남았다. 약속을 취소한 그 사람은 창업 문의차 내게 도움을 청했던 터라, 그보다 더 급한 일이 무엇일까 궁금했다. 일주일 후 그에게서 다시 연락이 왔다.

"그날은 죄송했습니다. 아는 사람이 지방에 아주 용한 무속인이 있다고 하길래요."

"아니 왜 무속인을 만났나요?"

나는 깜짝 놀라서 되물었다.

"아, 그 무속인이 회사 이름을 잘 짓는다고 해서요. 요즘은 이미지의 시대고 브랜드도 중요하잖아요."

특정 사업을 하기에 좋은 이름이 있다고 해서, 그 이름만으로 브랜드 영업력이 생기리라 생각한다면 착각이다. 물론 이름이 중요하고, 좋은 이름이 그 기업을 성장시키는 데 윤활유 역할을 하는 것은 사실이다. 그러나 아무리 좋은 콘셉트의 이름이라 할지라도 그 이름만으로 시장 진입에 성공하기는 결코 쉽지 않다. 자본의 초기 집중 투입 또는 사업모델 그 자체가 좋을 때만 시장 진입이 가능하다. 브랜드는 성공의 결과이지 창의적인 작품이 아니다. 월마트, 나이키, 다음, 네이버, 애니콜 등 유명 브랜드 역시 사업 초기의 막대한 광고자금이나 구체적 수익모델로 접근하지 않았다면 성공할 수 없었을 것이다. 브랜드는 비즈니스 자체의 성공 여부에 따른 부가가치이다. 비즈니스의 본질적 성공은 기본적으로 품질과 초기 마케팅 비용에 따라 결정된다.

특히 창업을 꿈꾸는 중년층이 선호하는 사업은 패스트푸드점이나 중대형 음식점, 편의점, 제과점, 커피전문점 등에 몰려 있다. 이들 업종은 유명 상권에 입지해야 수익성을 보장받을 수 있다. 그런데 그런 입지들은 임차료가 만만찮다. 투자 대비 영업수익을 기대하기가 쉽지 않다는 얘기다.

그리고 이들 업종은 대부분 프랜차이즈로 이루어져 있어 자신이 원하는 입지와 다른 곳에 개설해야 하는 상황이 생길 수도 있다. 본사에서 무리하게 경쟁을 시키거나 대로변 등을 강조하기 때문이다.

따라서 실패할 경우 중년 창업자는 회복의 기회를 갖기가 어렵다. 때문에 브랜드만 믿지 말고 자신이 원하는 업종과 입지의 상관관계를 충분히 검토해서 조절해야 한다. 이미 소문난 사업일수록 꼼꼼하게 돌다리를 두드리며 건너야 한다.

창업 전에 갖추어야 할 인프라

창업이나 재취업을 하기 전에 갖추어야 할 몇 가지 인프라가 있다.

첫째, 건강관리를 할 수 있는 개인 스포츠 하나를 연마하는 것이다.

"A씨, 요즘 얼굴 보기 힘들어. 많이 바쁜가 봐?"

같은 보험업계에서 일하다 40대 후반에 퇴직한 A씨는 창업을 한 것도 아니고, 창업을 준비하는 것도 아닌데 좀처럼 만나기가 쉽지 않았다.

"아이고, 죄송합니다. 부끄럽게도 제가 요즘 골프에 빠져서요."

내가 알고 있는 A씨는 골프를 잘 치지 못한다. 가끔 지인들과 골프를 칠 때면 늘 게임에 지거나, 실력이 떨어진다는 이유로 함께 게임을 하지 못할 때가 많았다.

"자네, 골프 별로 좋아하지 않았잖아."

"그랬지요. 실력도 늘지 않고 재미도 없었어요. 그런데 퇴직하고 재취업 방향을 정하고 나니, 자꾸만 골프 실력이 마음에 걸리는 게 아니겠어요."

그 후에도 A씨는 꾸준히 골프연습에 몰두했고, 얼마 지나지 않아 재취업에 성공했다는 반가운 연락을 받을 수 있었다. 그는 평소 맡은 업무에 충실하고 승부 근성이 있는 것으로 업계에 잘 알려져 있었다. 그 때문인지 생각보다 빨리 재취업이 된 것이다. 새 직장을 가지게 된 후에도 꾸준한 연습으로 골프에 자신감을 보였다. 나날이 일취월장하는 골프 실력만큼 동료와의 관계는 물론 새로 맡은 대외 업무에서도 성과를 내게 되었다. 중년에 재취업한 직장에서 조기에 안착할 수 있었던 것이다.

위의 사례는 재취업에 해당하지만 창업을 하는 데 있어서도 마찬가지다. 조기 축구회, 마라톤 동우회, 수영장이나 스포츠 센터 등에서 만나는 동호회 인연은 어느 모임에서의 인연 못지않게 중요하다. 개인기를 익힐 수 있는 동적인 스포츠 종목 하나를 선택하여 체력관리를 한다면 창업 이후의 건강은 물론 그 이상의 도움을 받을 수 있다.

둘째, 창업 전에 한 달 이상은 컴퓨터 학원에 다녀라.

컴퓨터를 전혀 할 줄 모른다면 말할 것도 없고, 어느 정도 다룰 줄 아는 사람도 나름의 업그레이드가 필요하다. 컴퓨터를 강조하는 이유는 지금이 바로 정보화시대이기 때문이다. 컴퓨터를 통해 업무 처리의 효율성을 높이고 새로운 아이디어를 창출할 수 있다.

4050 중에는 컴퓨터를 다루지 못하는 사람이 절반을 넘는다. 이러한 사실을 당연시 여기는 사람들이 있는데, 창업을 생각한다면 생각을 바꿔야 한다. 대부분이 실제 창업 이후에 컴퓨터를 다루는 직원을 따로 채용하게 되는데, 반드시 한 달 이상은 직접 컴퓨터 교육을 받는 것이 좋다. 컴퓨터나 인터넷 문화에 대해 이해한 뒤 아랫사람을 부리는 것과 무조건 그들에게 의지하는 것은 효율과 성과 면에서 확실히 차이가 나기 때문이다.

컴퓨터 부문의 기술은 하루가 다르게 발전하므로 계속해서 관심을 두어야 한다. 발전된 기술을 업무나 사업에 응용하여 경쟁업체를 앞설 수 있는 서비스를 개발하거나 원가를 절감할 수 있는 방법을 찾는 데 늘 관심을 두어야 한다. 요즘엔 중소기업에서도 컴퓨터를 활용한 CRM(Customer Relationship Management)을 도입하여 고객에게 접근하고 있으며, 그 기법도 아주 쉽고 다양하게 개발되어 있다. 창업자뿐만 아니라 모든 기업인이 관심을 두어야 할 분야이다.

따라서 창업 시부터 이러한 시대적 변화를 활용할 준비가 되어 있어야 한다. 조금만 지나면 컴퓨터는 전기나 수돗물처럼 일상생활의 유틸리티가 될 것이기 때문이다. 만약 컴퓨터의 사용법과 활용 가치에 제대로 접근하지 못한다면 그만큼 창업의 리스크를 크게 만드는 것이다. 특히 인터넷과 홈페이지의 활용, 블로그, 이메일, 메신

저, 웹하드 정도의 활용방법은 필수적으로 익혀야 할 것이다. 아이폰의 진화 역시 관심 대상이다.

셋째, 종교적 수련 행사에 한번쯤 참석하라.

이 부분은 순수하게 필자만의 생각일 수 있겠지만 종교의 종류와는 무관하다. 필자가 은퇴 후 쉬는 동안 컴퓨터 교육을 받고 있을 때 우연히 일간신문에 여름 사찰 체험 관련 기사가 실린 것을 보게 되었다. 친 불교적이긴 하지만 종교가 없었던 필자는 평소에 한국 전통문화의 한 형태로서 사찰체험을 해보고 싶다는 오랜 소원이 있었다. 그래서 법정 스님이 회주로 계셨던 서울 성북동 삼각산 길상사의 하계 수련회에 여름휴가를 가는 가벼운 마음으로 참가 신청을 하게 되었다.

3박 4일의 짧은 기간이었지만 참선하고 법문을 듣고 3,000배를 하면서 스스로를 되돌아볼 수 있었다. 부처님께 열심히 귀의도 해보고 지성으로 자기를 성찰하며 원을 세웠더니 새로운 삶의 확신과 용기를 얻을 수 있었다.

창업 후 필자를 격려하기 위하여 사무실을 방문한 3년 후배인 B씨에게 하계 수련회 이야기를 들려주었다. B씨는 5년쯤 전에 실직하고 소자본으로 레저사업 분야의 회사를 창업하여 현재 상당히 기반을 잡은 상태였다. 놀라운 것은 어느새 그가 독실한 기독교 신자가 되어 있었다는 것이다. 퇴직 후 쉬는 동안 기독교로 인도받아 교회에 나가기 시작하면서 성경공부에 매진했다는 것이다. 그는 덕분에 창업 이후 곤란을 겪을 때마다 큰 평안을 얻을 수 있었다고 했다.

기독교든 불교든 상관없다. 아무리 확실한 창업일지라도 그 과정은 어려움으로 점철된다. 직장생활이라고 어디 평탄했던가. 종교적 체험은 창업을 성공으로 이끌 때까지 위로와 용기를 얻을 수 있는 계기가 된다. 그 결과 후배처럼 참 종교인이 된다면 더욱 행복할 일이다.

4050 초보창업자들이 꼭 알아야 할 것들

"장사나 해야겠다."

이 말은 은퇴 후 4050들이 가장 많이 하는 말이다. 마땅한 일자리를 찾기가 쉽지 않기 때문이다. 그러다 보니 특별한 준비나 계획 없이 창업을 하는 경우가 많은데, 그런 경우 자연스럽게 귀가 얇아진다.

"요즘 같은 불경기에 이 업종이 최고야."

"○○○는 이 업종으로 돈을 많이 벌었대."

자신의 적성이나 능력, 시장상황, 운영방법 등은 무시한 채 무조건 잘나가는 업종으로 창업을 하고 보는 것이다. 그러나 정작 성공하는 사람들은 손에 꼽을 정도다. 다음은 4050 초보창업들이 반드시 숙지해야 할 사항들을 정리한 것이다.

1. 무리한 투자는 실패로 이어진다. 잘 아는 일이나, 지인들을 활용해 틈새시장으로 저자본 창업을 해야 한다.

2. 창업에 관련된 사람들을 많이 사귀어 두는 것이 좋다. 언제 어

디서 어떻게 도움이 될지 모르기 때문이다.

3. 자신의 상황과 적성에 맞는 현실적인 업종을 찾아야 한다.

4. 온라인을 적극 활용하여 철저한 사전조사와 준비를 해야 한다.

5. 급격한 성장보다는 오래 할 수 있는 일을 찾아야 한다. 유행을 좇으면 실패한다.

6. 항상 위기를 염두에 두고 운영 관리해야 한다.

7. 환상을 버려야 한다. 소문난 대박 아이템들은 이미 한물갔다.

8. 어떠한 일이든 서비스정신이 없으면 망한다.

9. 가족들의 조언을 무시하면 80% 이상은 망한다.

10. 사업이 잘된다고 규모를 키우면 곧 내리막길이다.

이외에도 성공 창업을 위한 팁은 무수히 많지만 최소한 위의 10가지는 꼭 숙지하고 있어야 실패하지 않고 즐겁게 창업할 수 있다.

Tip 2배의 법칙과 3배의 법칙

2배의 법칙 – 돈의 법칙이다. 1억 원으로 창업할 때는 2억이 있어야 한다. 즉, 자본이 2억이 있다면 절반인 1억으로 시작해야 된다는 것이다.
3배의 법칙 – 경영의 법칙이다. 1년 안에 성공할 것으로 예상했다면 최소 3년을 잡아야 한다는 것이다.

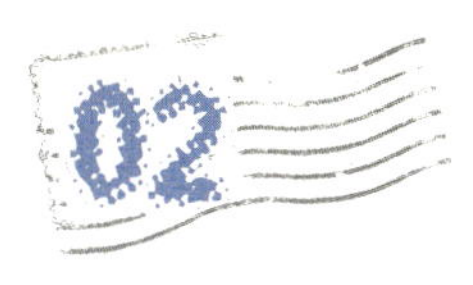

창업 전에 오타쿠가 되라

한 우물 파기가 해답

오타쿠(おたく, 御宅)란 일본말로 '집'을 뜻한다. 요즘은 '무언가에 병적으로 집착하는 사람'을 의미한다. 마니아는 무언가를 '즐기는' 사람이지만, 오타쿠는 '무언가를 연구하고 맹목적 숭배대상으로 삼는' 사람들이다.

어떠한 사물을 좋아하는 정도에 따라 일본에서는 '팬, 마니아, 오타쿠'로 구분지어 이야기한다. 전문가 또는 몰입의 정도에 따라 '팬<마니아<오타쿠'로 나뉜다. 따라서 오타쿠는 광적 전문가라 할 수 있다.

오타쿠는 일본사회의 변화된 개인의식을 표현하는 개념이다. 더 이상 대중은 소비자로서만 존재하는 것이 아니라 미래사회에는 생산자와 소비자가 결합된 생비자(Prosumer)가 등장할 것이라고 예견한 앨빈 토플러의 말처럼 오타쿠는 그 시대를 이끌어 갈 효시로서 일본사회에 정착된 개념이다.

창업을 하려면 그 분야에서 오타쿠가 되어야 한다. 그래야 성공한다. 창업의 길이 얼마나 험난한 길인지 인식하면서 진정한 오타쿠가 되어야 한다. 창업의 붐이 일었던 IMF 이후 벤처기업들의 실제 성공률이 3%도 안 됐다는 사실에서 깨달음을 얻어야 한다.

몇 해 전 IMF 시절보다 더 혹독한 불경기에 모두가 움츠리는 때였다. 강남의 큰 빌딩 한층 전체에 '해운대 대구탕'이 오픈을 했다. 이 집의 메뉴는 오직 맑은 국물로 된 대구지리탕 한 가지였다. 국물맛은 사람들의 입맛을 한순간에 사로잡았고, 얼마 지나지 않아 음식점은 입구에서 손님들이 줄을 서서 기다릴 정도로 호황을 누렸다.

주인은 불경기든 호경기든 자신이 있었기 때문에 큰 평수의 강남 빌딩에 식당을 열 수 있었다고 말한다. 그는 실제로 부산에 있는 '해운대 대구탕' 집에서 요리법을 배우려 했지만 아무리 설득해도 알려주지 않자, 요리 개발에만 6개월을 넘게 매달려 수많은 시행착오를 반복했다고 했다. 오랜 시간 동안 수많은 시행착오를 겪으면서 성공한 그 맛은 미래를 보장해주는 최고의 경쟁력이다.

위의 사례는 이 시대의 성공 키워드인 전문화와 선택과 집중이 절묘하게 잘 조화가 된 경우다. 자신만의 새로운 맛을 개발하기 위해 음식점 주인은 대구탕의 오타쿠가 되어 그 경지에 올랐던 것이다.

3살 이전부터 동물이 좋아, 혼자 집에 있을 때는 물론 친구들과 놀 때도 항상 동물과 함께하던 소녀가 있었다. 그녀는 고등학교 졸업 후 다니던 좋은 직장을 그만두고, 오직 동물이 많이 사는 대륙이라는 이유 하나만으로 아프리카에서 50년을 넘게 살고 있다. 그녀는 현재 77세의 할머니 침팬지 연구가 '제인 구달'이다.

26세 때 처음 아프리카에 온 제인 구달은 침팬지가 살고 있는 곰베국립공원에 입산하려 했지만, 식민지정부(영국) 관료가 위험하다고 허가를 내주지 않았다. 고심 끝에 간호사인 어머니와 함께 동행하니 다쳐도 염려 없다고 설득했고 허가를 받으면서 긴 여정이 시작되었다. 한참 침팬지 관찰에 심취해 있을 때 그녀는 첩첩산중에서 혼자 자는 것조차 행복하다고 느꼈다고 한다.

제인 구달은 현지인들도 견디기 힘들다는 아프리카 밀림에서 오직 침팬지를 연구하기 위해 50년 넘게 머물고 있다. 지금도 인류역사에 영원히 기록될 업적을 만들어 가고 있는 것이다. 어떤 일을 시작할 때의 연령이나 지식, 학력도 중요하지만 그 일을 얼마나 사랑하느냐가 가장 중요하다는 것을 알 수 있다. 오직 한 우물을 파면서 기쁨을 느끼고, 또 성과까지 만들어내는 그 삶에 존경을 표한다.

요즘 젊은이들은 직장 잡기도 어렵고, 입사 후에도 인내심이 부족해 조금이라도 힘들면 퇴사해버린다. 일류직장, 일류학벌, 번듯한 인턴 경험만을 추구할 게 아니라 발상의 전환을 통해 지금 사회에서 힘든 직업으로 분류하는 일이라도 젊은이들이 매진했으면 한다. 타인의 눈을 의식하지 말고 자신의 취향에 맞는 일, 언젠가는 잘할 수 있을 것 같은 일에 매진하여 보면 어떨까 싶다. 부모도 자녀에게 그런 진로를 앞서서 찾아주는 지혜를 가질 수 있었으면 좋겠다.

사실 1st Life의 취업이나, 2nd Life의 창업이나 한 우물 파기는 같다. IMF 이전에는 평생직장 개념을 가지고 있었다. 한 직장에 입사하면 아주 큰 피해를 끼치거나, 본인이 스스로 나오지 않는 이상 대체로 정년을 맞았다. 그러다 보니 회사에 목숨 걸고 충성할 수밖에 없었다. 그런데 IMF 이후 구조조정의 광풍에 사람들의 생각이 바뀌기 시작했다. 회사에 아무리 충성해도 구조조정의 칼바람은 피해갈 수 없다는 것을 알게 되었기 때문이다. 그 후 평생직장의 개념에서 평생직업의 개념으로 바뀌었다. 문제는 평생직업을 빨리 찾으면 안정적인 삶을 살 수 있지만 그렇지 않을 경우는 퇴직을 하고도 직업을 찾아, 직장을 찾아 떠돌아다녀야 한다는 것이다.

평생직업을 갖는 것이, 평생직업을 갖기 위해 준비하는 것이 어쩌면 제인 구달의 한 우물 파기와 닮았다고 할 수 있다. 나는 제인 구달의 이야기를 들으면서 늘 그런 생각을 한다. 평생직업을 갖는다면 50년, 100년도 수명이 보장해주는 한 즐겁게 살 수 있지 않을까. 나는 그녀에게 "잠보! 제인구달"을 외친다. "잠보! 제인구달"은 그녀의 자서전 이름이며, 잠보는 현지인 언어로 '안녕!'을 뜻한다.

특허기반 창업은 당신의 몫이 아니다

젊었을 때부터 잘 알고 지내는 H씨는 아이디어 뱅크였다. 마케팅 뿐만 아니라 손재주도 좋고 관찰력도 뛰어났다. 그는 광고기획사를 다니면서 많은 아이디어를 냈지만 인정받지 못하는 것이 늘 불만이었다. 결국 10여 년 전인 40대 중반에 은퇴를 했다. 그는 벌써 회사를 세 번이나 창업했다가 접은 상태였다. 그가 이번에 새롭게 창업한 회사는 에너지 산업이었다. 동력 없이 전기를 생산해 낼 수 있는 제품을 개발하는 회사였다. 문제는 새로운 제품개발에 너무 많은 돈을 투자했다는 것이다.

그는 성공하기만 하면 돈방석에 앉는 것은 시간문제라며 내게 투자를 종용했다. 나는 제품개발에 대한 확신도 없을 뿐 아니라 투자할 돈도 없다며 거절했다. 결국 그의 회사는 자금난으로 문을 닫고 말았다. 그가 개발하려고 했던 제품이 이미 일본에서 개발해 상용화했다가 슬그머니 사라진 제품이었다.

방송이나 신문에 보유특허가 100개가 넘는 발명왕들이 가끔씩 소개되는 것을 볼 수 있다. 그런데 그 발명가들 중에 번듯하게 잘살고 있는 사람은 보지 못했다. 이러한 경우를 시뮬레이션을 통하여 원인을 분석하고 해명해 놓은 사례가 있다. 설명에 의하면 특허 아이디어를 실제로 구현하여 제품의 90%를 완성하는데 전체 창업비용의 5%, 95%를 완성하는데 총 창업비용의 10%밖에 지출되지 않고, 그 후부터 본격적으로 돈이 들어 간다고 한다. 99%까지 4% 더 높이는데 비용 20% 증가, 0.9% 더 높이는데 30%, 마지막 완성도 0.1%와 마케팅에 총비용의 40%가 투입된다고 한다. 제품별 특성을 구분하지 않은 개략적인 설명이지만 충분히 고려해야 할 사항이다. 성공은 마지막 1%의 비교우위 완성도와 마케팅 비용으로 결정지어지기 때문이다.

대부분의 대기업 출신 지식인, 1인 창업가들은 나름대로 여유를 가지고 창업한다. 그래서 90% 정도 성공할 때까지 많은 자금을 투자한다. 하지만 제품(서비스)을 생산해 놓고는 정작 자금이 없어 광고 한 번 못 해보고 재고만 쌓이다가 결국엔 망한다. 제조업, 서비스업, 지식산업 모두가 광고, 마케팅이 생명이며 성공 예산의 40% 이상이 소비된다는 것을 알면서도 그런 실수를 범한다.

특히 지금처럼 어려운 시대에 창업하려는 4050에게 아이디어, 기술개발에 의한 특허 기술은 2nd Life의 몫이 아니라는 것을 강조하고 싶다. 개발 이후에 판로를 보장할 수 없다면 그 돈으로 다른 사업을 시작하는 편이 훨씬 경제적이고 안정적이다.

막연한 자신감을 버려라

창업마인드와 경영역량부터 새로 배워라

우리나라의 경우, 은퇴 이후 취업에 실패하고 마지막 수단으로 창업을 선택하는 경우가 많다. 그러다 보니 진입 장벽이 낮은 외식업 창업에 몰릴 수밖에 없으며, 경쟁 역시 그만큼 치열하다.

은퇴자들이 창업에 실패하는 가장 큰 이유 경험부족이나 자금보다는 "나는 망하지 않을 거야!"라는 '근거 없는 자신감' 때문이다. 자신감 하나로 이 세상을 헤쳐 나가기에 현실은 너무 냉혹하다.

우리나라 창업자 중 3년 안에 폐업하는 비율이 70~80%이다. 여유 있는 은퇴를 설계하고 혜택을 누리는 사람은 실질적으로 몇 안

212

된다. 대부분의 은퇴자들은 신보릿고개를 넘기 위한 생존수단으로 창업을 선택하는 경우가 많다. 따라서 실패는 그들에게 매우 치명적일 수밖에 없다.

그런데 근거 없는 자신감은 은퇴 전 전문직에 종사했거나 지위가 높은 이들일수록 강해지는 경향이 있다. 창업은 스스로에게 명령하고 스스로 실행해야 한다는 사실을 잊어버린다. 자신의 능력을 과신한 나머지 모든 일을 혼자 결정하는 것 또한 실패의 원인이다.

창업을 원한다면 시간을 갖고 국가나 지방자치단체 등 창업지원기관의 도움을 받는 것이 가장 이상적이다. 그리고 직접 발로 현장을 돌며 눈으로 확인하고 몸으로 익혀야 한다. 자신이 잘 아는 분야라 해도 새로 익혀야 한다. 그 일을 대하는 자신의 위치가 이전과는 달라졌기 때문이다.

그렇다면 은퇴 후 성공적인 창업을 위한 이상적인 준비기간은 얼마일까? 사람마다, 업종마다 조금씩 차이가 있겠지만 적어도 1년 이상은 준비해야 성공할 확률이 높다는 조사결과가 있다. 가장 좋은 것은 은퇴하기 전에 미리 은퇴 후의 인생 설계와 창업 준비를 하는 것이다.

"그런 아이템의 정보는 어디서 찾을 수 있을까요?"

"관련 성공 사례들을 들을 수 있을까요?"

은퇴 후 창업을 준비하는 사람들을 돕는 모임에 나가면 그들은 모두 성공한 이들의 아이템과 방법에만 관심을 보인다. 나에게도 이런저런 질문을 많이 하는데, 그럴 때마다 불편한 기분이 든다. 나만의 아이템이나 창업 방법을 공개하기 싫어서가 아니라, 뭔가 중요한 것을 놓치고 있다는 씁쓸한 느낌 때문이다.

어느 날 대부분의 사람들과는 생각이 조금 다른 사람을 만나게 되었다. 초등학교 선생님이었던 L씨는 아이템이나 창업방법보다 더 중요한 것이 있다고 했다.

"마인드, 경영마인드가 중요해요. 저 같은 경우는 학교 외에는 아는 것이 없기 때문에 무엇을 하든 똑같다고 생각해요. 그래서 그것을 어떻게 경영할 것인가가 중요하다고 생각해요."

그는 경영 역량을 키우는 방법이나 교육기관이 있으면 알려달라고 했다. 그는 필자의 추천으로 기술신용보증기금이 운영하는 창업학교에 다닌 뒤, 교육기자재 분야의 업체에 낮은 신분으로 재취업하여 경영수업을 받고 있다. 물론 경영이라는 것이 짧은 기간에 배운다고 되는 것은 아니지만, 적어도 배우지 않고 경험해보지 않은 사람보다는 성공할 확률이 높을 것이다.

창업 준비는 크게 두 가지로 나눌 수 있다. 하나는 무슨 일을 할 것인지 업종을 정하고 시장조사와 정보를 수집해 전문성을 갖는 것이다. 다른 하나는 자신이 선택한 업종 분야를 경영할 수 있는 역량과 마인드를 갖추는 것이다. 따라서 은퇴 준비는 경영 역량과 창업

마인드를 갖추는 데서부터 출발하는 것이 좋다. 종업원 관리, 마케팅 판촉, 성공 사례, 벤치마킹 등 경영 역량을 키우는 것은 성공을 위한 필수 요건이다.

세간에 대통령후보로 이름이 자주 언급되고 있는 안철수 씨는 여러해 전에 출판한 그의 저서 『영혼이 있는 승부』에서 연구소를 창업한 후 종업원이 30명이 넘어설 즈음이야말로 몇 명 안 되는 조직인데도 불구하고 조직관리가 가장 힘든 시기였다고 고백하고 있다. 그 어려움이 산업경영을 공부하기 위해 미국으로 출국하게 된 결정적 이유가 되었다고 한다.

새롭게 경영역량이나 창업 마인드를 배우는 것은 그동안 직장인으로서 관성을 벗고 사회의 새로운 트렌드와 흐름을 적극 수용하고 내 것으로 만들기 위해서다. 이것은 중요한 성공 키워드 중 하나다. 즉, 성공을 위해 익숙한 것과 결별하기 위함이다.

교육으로 돌파구를 찾아라

나이가 든다는 건 수용성이 떨어진다는 것을 의미한다. 즉 새로운 것을 받아들이지 않을 때 나는 노화하고 있는 것이다. 스스로 늘 새로운 트렌드 변화에 열려 있다고 자부하지만 냉정하게 자신을 돌아보면 두려움과 불안이 존재해 있다는 것을 인정하게 될 것이다. 특히 지금의 4050은 그 변화를 수용하지 못할까 두려워 섣불리 자신을 변화시키려고 시도한다.

인도 출신의 하버드대 의학박사로 대체의학 분야의 선구자인 디팍 초프라(Deepak Chopra)는 『사람은 늙지 않는다』라는 책에서 '늙는다는 생각 자체가 노화를 앞당긴다'고 언급하고 있다. 늙는다는 생각을 하지 않기 위해서는 늘 새로운 것을 받아들이고 공부하는 마음, 그리고 몰두할 수 있는 일이 필수조건이다. 따라서 트렌드의 변화를 민감하게 수용하고 젊고 활기차게 은퇴생활을 하기 위한 은퇴설계에서 교육은 필수적이다.

교육의 힘은 놀라운 것이다. 은퇴 후 몰두할 수 있는 새로운 취미나 직업, 창업의 길을 열어주기 때문이다. 은퇴자들의 가장 큰 장애

물인 낡은 습관과 굳은 생각도 깨부술 수 있게 한다.

M씨는 무역회사의 사무직으로 26년을 근무했다. 곧 은퇴를 앞둔 그는 어릴 적부터 꿈이었던 제과점 창업을 생각하고 있다. 그런데 그동안 빵을 사먹기만 했을 뿐 제과점을 어떻게 창업해야 할지, 시장상황은 어떤지, 운영방식은 어떤지 제대로 아는 것이 하나도 없었다. 그는 가족과 상의 끝에 퇴근 후 제과제빵 학원을 다니게 되었다. 생전 처음 하는 밀가루 반죽과 오븐 사용이 낯설고 신기했다. 그렇게 제빵 기술이 늘어갈수록 그의 희망도 늘어갔다.

M씨는 창업에 필요한 기술뿐 아니라 운영에 필요한 교육을 받기 위해 중소기업청이 운영하는 창업교육프로그램에 참여하고 있다. M씨에게 제과점 창업은 막연한 바람이 아닌 현실로 다가오고 있다.

은퇴에 대한 불안감에 시달린다면 당장 교육프로그램에 참가하는 것이 좋다. 정부지원금으로 교육프로그램을 운영하고 있는 학원들이 전국에 즐비하다. 아주 적은 비용으로 요리, IT, 디자인, 자격증, 컨설팅, 목공 등 자신이 원하는 종류의 교육을 받을 수 있다. 생각은 불안을 잠재우기커녕 더 많은 불안을 만들어 낸다. 오직 행동만이 기회와 희망을 가져다준다.

지금 책상에 앉아 무엇을 어떻게 할 것인가 고민에 빠져 있는 동안 누군가는 학원으로 아카데미로 가 새로운 기술과 지식을 배우며 생명력과 자신감이 샘솟는 경험을 하고 있을 것이다. 당장 TV를 끄고 인터넷 검색창에 창업교육, 은퇴교육 등을 입력하고 검색하시라. 분명 놀라운 변화가 생김을 경험할 것이다. 특히 봄에는 새로 시작되는 창업교육이 많으니 눈을 크게 뜨고 적극 나서볼 일이다.

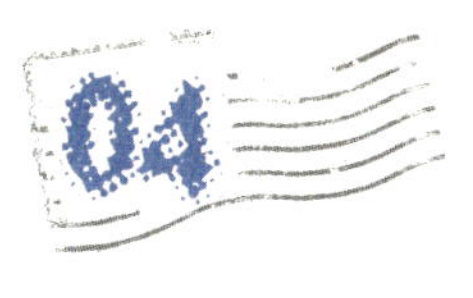

아이템 선정과 고용하기

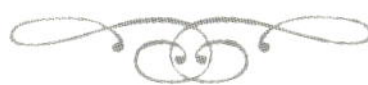

차별화와 기다림에서 아이템 찾기

국내 최고의 자산규모를 자랑하는 모 은행에서 최근에 명예퇴직 희망자를 모으니 무려 전 직원의 15% 정도가 신청하였다고 한다. 물론 명예퇴직 조건이 파격적이었을 것이다. 이때 목돈을 쥔 퇴직자에게 의례히 솔깃한 투자제안이 몰린다. 땅 집고도 헤엄치는 것과 같은 확실한 불루오션이라고 설득하며 접근하는 것이다. 첫 번째 주의사항이다. 이런 때 말려들지 말고 기다려야 한다.

진짜 블루오션은 사실 위험부담이 커서 새 출발하는 4050에는 대부분이 맞지 않다. 오히려 내가 하던 분야의 일, 전문성 있는 나만의 취미분야, 세상에서 레드오션이 되어 종사자가 줄어드는 분야에서 차별화 전략을 구상하고 차별화된 서비스 또는 정책이 착근할 때까지 여유를 가지고 기다리는 것이 옳다. 명예퇴직금은 이 기다리는 시간의 생활자금으로 사용해야 한다.

총각네 야채가게가 성공하였다. 전국 어디에나 있는 것이 야채가게인데, 매장면적 10평 내외인 총각네 야채가게가 성공한 이유가 바로 차별화다. 그곳은 재미있는 푯말로 시선을 끌고, 당일 상품만 판매하기 때문에 냉장고가 없다.

전국에 개업한 부동산 중개업자가 8만 5,000명 정도 된다고 한다. 부동산 경기가 장기간 침체되다 보니 이들의 폐업이 급속도로 늘어나고 있다. 이렇게 끝없는 폐업행진 속에서도 새롭게 창업하는 사람도 매년 몇 천 명씩이나 되는데, 창업하는 사람들을 보면 폐업하는 중개업자들과 차별화 없이 개업을 한다. 달리 할 일이 없고 자격증과 사무실 임차보증금만 부담할 수 있으면 되니까 손쉽게 창업하여 동네마다 중개사무실이 넘쳐난다. 혹 이들 중 어느 창업자가 '60 이상 은퇴자 부동산 매도는 수수료 무료'라는 룰을 정해 개업하면 어떨까 하는 생각이 든다.

우리나라 퇴직자들은 자산의 74%가 부동산이다. 전 재산이라고는 달랑 집 한 채 있는데 거기에 대출까지 있어서 이자 넣을 일이 걱정인 경우가 많다. 그들이 자산 구조조정을 할 때 중개수수료가 무료라면? 예를 들어 큰 집을 팔고 작은 집으로 바꿀 땐 집 파는 수수료를 면제해 주는 것이다. 덤핑이 아니라 이렇게 룰을 정하고 홍보해 보시라. 주변의 기존 업자들의 방해에 부딪혀 처음엔 고전하겠지만, 장기간 인내를 가지고 꾸준히 실천해 간다면 반드시 성공할 것이라 생각한다.

야채가게, 부동산중개업도 차별화를 하는데 다른 아이템에 왜 차별화 포인트가 없겠는가. 수없이 명멸하는 프랜차이즈들도 사실은 조그만 틈새에서 차별화한 것들이다. 성공에 이르지 못한 이유는 차별화가 부족하기도 하지만 수익창출 시점을 너무 조급하게 잡고 기다리지 못하는 데 있다. 차별화하고 꾸준히 서비스를 개선하며 조그맣게 시작하여 천천히 키워나가겠다고 생각하면 아이템 찾기는 의외로 쉬울 수 있다.

취미가 창업아이템이 되는 경우도 있다. 연기자 천호진은 캐릭터가 분명한 아버지, 할아버지, 사장님, 회장님 역으로 영화나 TV에서 종횡무진 활약하고 있다. 그런 그가 촬영이 없을 때는 취미로 목공을 한다. 그렇게 한 10년을 즐기다 보니 자신도 모르는 사이에 목공예 전문가가 되었다고 한다. 그는 50을 넘긴 나이에 목공예 전문 안내서적까지 출간하였다. 지금은 어엿한 가구회사 사장님이 되었다. 취미가 인생을 바꾼 것이다.

일을 즐기면 어느 분야든 성공할 수 있다고 한다. 그러나 즐기면서 일하는 모든 사람들이 직업 전환에 성공하는 것은 아니다. 여기서 즐긴다는 것은 전문성이 이미 확보된 프로에게나 해당하는 말이다. 전문성을 가진 프로가 일을 즐기면서 할 때 생산성과 예술성이 높아지지만 아마추어가 취미를 직업으로 전환하기 위해서는 충분한 시간투자와 집중적인 노력 및 연구가 우선되어야 할 것이다. 천호진 씨의 성공 사례는 오랜 기간의 노력과 예술가적인 재능이 결합한 경우라고 보아야 한다.

천호진 씨 외에도 평생의 취미를 살려서 은퇴 후 제2직업으로 전환한 사례가 많다. 견지낚시의 대가 이하상 씨, 책 쓰기를 좋아하는 1인 기업 전도사 공병호 씨, 60이 넘어 가수로 데뷔한 노영구 씨 등이 있다.

꾸준했던 취미활동을 제2직업으로 전환해보라는 조언을 많이 듣는다. 이런 경우 선택이 고민이라면 답은 간단하다. 취미는 내가 좋아서 해온 것이고, 경쟁력은 고객이 좋아해야 생긴다. 나의 전문성이 고객이 선택할 수준의 경쟁력을 갖추었는지 점검해보면 해답이 나온다.

성공 경험이 있는 사람과 함께하자

요즘은 직장을 구하기도 어렵지만 반대로 사람을 구하기도 어려운 때다. 각 사업체는 좋은 인재를 고르려 하고, 구직자들은 자신이 가진 능력보다 좋은 곳을 선호하기 때문이다. 중소기업이라면 그 문제가 더욱 심각하다. 4050 은퇴 창업자들의 경우 중소기업보다 더 심각한 인력난을 겪는데, 이는 창업자들의 업종이 서비스업에 치중해 있기 때문만은 아니다.

IT업계에 10여 년을 종사하다 직접 IT회사를 창업한 K씨는 직원을 구하기 위해 면접을 보거나 소개를 의뢰하는 데 더 많은 시간을 보낸다. 문제는 면접을 봐도 마땅한 사람이 없다는 것이다. '스펙은 좋은데 초보이거나, 실력을 검증할 수가 없어 어려움이 있다'고 한다.

K씨의 회사는 온라인을 기반으로 한 영상 홍보 디자인을 기획하고 실행한다. 아주 뛰어난 스펙을 원하는 것은 아니지만, 기본적으로 실무경험이 있어야 한다. 업무는 늘어나는데 필요로 하는 직원을 구할 수가 없어 헤드헌터들에게까지 의뢰를 한 상태라고 했다.

그러던 어느 날, 매우 특이한 이력서 한 장에 눈길이 꽂혔다고 한다. 대학을 갓 졸업한 지원자의 이력이 매우 화려했기 때문이다. 자격증, 어학능력 등의 스펙으로 가득 찬 기존의 이력서와는 확실히 차이가 있었다.

"대개 대학 다니면서 학비와 용돈을 벌기 위해 아르바이트를 많이 하잖아요. 그런데 그 친구는 인터넷쇼핑몰은 기본이고, 이벤트 대행업 등 별별 창업을 다 했더라고요."

그 지원자는 사람을 유쾌한 에너지로 기분 좋게 만드는 재주를 갖고 있었다. 원하는 IT 기술자는 아니었지만 면접관들의 만장일치로 그를 채용하게 되었다고 한다. K씨의 크고 작은 창업을 하면서 얻은 성공과 실패 경험을 높게 평가한 것이다.

함께 있으면 열정이 전해지는 사람이 있다. 그들은 일정 부분 성과를 낸다. 반면 박식해 보이지만 열정보다는 비판과 폄하로 세월을 보내는 사람이 있다. 그들에게서 무언가 이루어놓은 성과를 발견하기란 쉬운 일이 아니다. 한마디로 그들은 자신이 세운 목표에 대한 성취 경험이 없는 사람이다.

소기업이라도 직원을 채용해야 할 경우에는 열정을 바쳐 성공해본 사람을 선택해야 한다. 그가 조금이라도 큰 조직에서 성과를 내본 사람이라면 더욱 유용하다. 열정이 있고 조직목표를 조화시킨 성공 경험이 있기 때문이다. 만약 성공한 경험은 있지만 조그만 가능성만 보여도 독립하려는 사람이라면 곤란하다. 그 사람은 보스를 피곤하게 하고 조직에 모든 열정을 바치지 않는다.

기업은 규모가 크든 작든 시작은 사람이 하지만, 성공은 신이 도와야 한다는 말이 있다. 그러나 열정적으로 일하고 한 번이라도 성취 경험을 해본 사람과 인연을 맺으려는 노력은 반드시 필요하다. 그들이 지니고 있는 잠재력과 자기긍지가 신과 까다로운 고객까지 설득할 것이기 때문이다.

밥 빨리 먹는 사람, 빨리 걷는 사람,
목소리 큰 사람, 잘 노는 사람

대기업에선 책임자가 의사 결정을 내리면 실무자가 이를 현실적으로 구현한다. 콘셉트가 분명하고 회사의 가치관과 방향이 맞으면 어떤 방법으로든 그 목표를 실행에 옮긴다. 중소기업에서는 꿈같은 이야기가 아닐 수 없다. 우선 보스의 의도를 이해하는 사람을 찾기 힘들며, 찾았다고 하더라도 일이 성사되기까지의 프로세스를 이해하지 못하는 경우가 많다. 이러한 문제를 해결하는 방법은 창업자 스스로 구현할 수 있는 일을 벌이거나, 아니면 완벽한 수준의 아웃소싱 거래처를 확보해야 한다. 따라서 4050의 창업은 자기가 잘 아는 분야의 조직화된 비즈니스라야 안전하다.

일본의 한 회사가 창업 당시 신입사원을 뽑을 때의 일화다. 회사의 지명도가 워낙 낮았기 때문에 삼류 사원들의 입사 지원이 대부분이었고, 그들 중 그나마 인재라고 여겨지는 자들을 골라야 하는 상황에서 고육지책으로 밥을 빨리 먹는 사람들을 합격시켰다고 한다. 이 회사는 '일본전산'으로 당시에 뽑은 3명의 사원과 함께 훗날 세계적인 회사로 발돋움하였다.

밥을 빨리 먹는 사람은 성질이 급한 사람이다. 뿐만 아니라 행동력이 좋아서 오로지 해야 할 일에만 집중한다. 내 앞에 놓인 음식을 빨리 먹어치우고 다른 일을 해야만 하는 것이다. 이 시대 최고의 서비스 콘셉트인 속도전에서 승리함으로써 회사에 이익을 가져다주는 인력으로 성장할 수 있는 것이다.

필자가 회사에 다닐 때 사장님과 1시간 정도 함께 걸을 일이 있었다. 사장님은 나보다 키가 10cm 정도 작았고 나이는 10살 이상 많은 분이었는데 어찌나 걸음이 빠른지 다리에 경련이 날 정도였다. 사장님은 걸음이 빠른 만큼 성격도 급했다. 회의에서 모든 의사결정을 속전속결로 처리했고, 결과 창출도 신속했다. 빠른 승진을 거듭해 젊은 나이에 사장까지 오른 사람이었다. 빨리 걷는 습관이 목표지향적인 성격으로까지 이어진 것이었다. '일본 전산'의 경우 10km를 시간에 상관없이 완주한 사람을 전원 합격시켰다고 한다. 그들의 집념과 근성에 점수를 준 것이었다.

주변에 유달리 목소리가 큰 사람이 있다. 그는 현재 사회적 위치와 관계없이 늘 자신감에 차 있다. 반대로 목소리가 작은 사람들은 신중하거나 배려심 있다는 평가를 받을 수도 있지만, 자신감이 부족한 경우가 많다.

목소리가 큰 사람은 대부분 정직한 성격을 갖고 있다. 그들은 대부분 남을 속이거나 소신 없는 행동으로 사람을 난처하게 하지는 않는다. 요즘 기업에서는 면접 시 대답 내용이 아무리 좋아도 목소리가 작은 사람은 탈락시킨다고 한다. 부족한 면이 있어도 자신있게 일하는 사람은 결국 좋은 결과를 얻게 된다.

잘 노는 사람이 일도 잘한다는 사실은 모두가 공감하는 내용이다. 잘 노는 만큼 두뇌회전이 빠르고 창의적이다. 또한 잘 논다는 것은 재미있는 일에 파고들 만큼 집중력이 있다는 사실을 의미한다.

요즘은 펀(Fun) 경영을 화두로 삼는 시대이다. 잘 노는 사람이 놀이하듯 일을 즐길 때 성과는 높이 나타나며, 고객과의 커뮤니케이션 능력 또한 남보다 앞선다. 연말 파티에 엔터테이너로 곧잘 불려다닌다는 직원이 있다면 그를 아이디어개발실 또는 마케팅부서로 보내는 것은 어떨까? 본인은 물론 회사에도 이득일 것이다.

위 네 가지 유형의 사람들은 일반적인 기준이라기보다는 상대의 긍정적인 면을 찾고 평가하는 나름의 기준이라고 할 수 있다. 특히 소규모 기업에서 스펙이 좋은 사람을 채용하기 힘들 때, 인재를 고르는 기준으로 참고할 만하다.

창업자금 운용하기

실패가 아닌 시련으로 끝내라

은퇴 후 창업에서 중요한 것이 사업을 그만둔 후의 대비책을 미리 마련해 두는 것이다. 대부분의 은퇴 창업이 생계형 창업임을 감안한다면, 본인은 물론 가족들에게까지 막대한 영향을 미칠 수 있기 때문이다.

형제나 지인에게 돈을 빌려달라고 부탁하는 상황까지 경영이 악화된 경우, 은행의 대출한도 부족으로 대부업에 대출을 신청해야만 하는 경우, 연속해서 3개월 이상 적자가 나는 경우에는 사업 실패로 판단하는 것이 좋다. 이럴 때는 일단 사업을 접고 해결방안을 찾는 것이 현명하다. 무리하게 사업을 지속하다가는 손실만 불어나 재기가 불가능할 수도 있기 때문이다.

미국의 유명인사 중 커넬 샌더스(Harland David Sanders)라는 사람이 있다. 그의 이름은 낯설지만 얼굴은 전 세계 모든 사람들이 알 정도로 널리 알려져 있다. 그는 바로 KFC의 창업자이다.

가난했던 어린 시절, 그는 초등학교를 중퇴하고 10살 때부터 생활전선에 뛰어들었다. 갖은 고생 끝에 30대 후반에 주유소를 하나 장만하게 되었는데, 주유소 뒤편 창고를 개조하여 닭튀김을 파는 간이식당을 열었다. 장사가 잘되자 40세에 주유소를 그만두고 식당을 차린 그는 큰 성공을 거두었다. 그러나 경영 악화로 식당을 처분하게 되었고, 66세에 알거지 신세가 되었다.

하지만 그는 좌절하지 않았다. 닭튀김요리를 이용한 프랜차이즈를 생각해낸 그는 인근의 식당을 다니며 요리법을 전수했고, 직접 흰 양복을 입고 판매를 도우면서 체인점을 모집했다. 그의 열정에 반한 식당 주인들은 하나둘 체인점을 열었고, 그는 70세에 200개가 넘는 체인점의 회장이 되었다.

만약 커넬 샌더스가 66세에 경영이 어려워진 식당을 계속 유지하기 위해 무리한 융자로 투자를 했다면 지금의 KFC가 있었을까? 만약 알거지가 된 커넬 샌더스가 식당에 미련을 버리고 다른 일을 했다면 지금의 KFC가 있었을까? 아마도 경영 악화로 식당이 넘어갈 당시 커넬 샌더스는 이미 재기를 생각하고 있었을 것이다. 포기가 아니라 다음 단계를 위한 내려놓음이었다. 한 박자 쉬면서 숨 고르기를 한 것이었다. 그래서 한 단계 업그레이드 된 체인점을 구상할 수 있었을 것이다.

실패하지 않는 창업이 가장 이상적이지만 앞에서도 이야기했듯, 인생에서 어떤 일이 벌어질지 그 누구도 알 수가 없다. 그렇다고 실패가 두려워 미리 겁을 먹을 필요는 없다. 도전을 하되 실패를 두려워하지 않는 것이 중요하고, 미련과 집착보다는 다음을 기약할 수 있는 놓아버림도 현명한 방법 중 하나가 될 수 있다.

기본적인 회계지식, 미리 익혀두자

대부분의 은퇴 창업자들은 막연한 '매출계획'만 갖고 사업을 시작한다. 은퇴 전부터 아무리 철저하게 사업 준비를 해왔다고 하더라도, 사업 초기 부진한 매출에 타격을 받는 사례가 적지 않다. 결국 각 단계에 따라 구체적이고 확실한 매출 전략이 필요하다는 얘기다.

같은 맥락에서 기본적인 회계지식도 습득하지 않은 채 창업에 뛰어드는 이들이 적지 않다. 이를 모르면 정확한 원가 분석은 물론, 세금 납부도 할 수 없다. 정확한 경영상태 파악이 힘드니 매출 부진의 원인을 짚어내고 해결책을 찾는 데도 서투를 수밖에 없다. 특히 4050세대의 경우 '나에게 은퇴는 아직 멀었다'라는 생각으로 세무 관련 전문지식 쌓기를 지나치는 경우가 많다. 닥쳐서 하면 이미 늦는다. 여유가 있을 때 미리미리 익혀두는 것이 최고의 창업 전략이다.

나는 법인으로 창업을 했다. 투명한 회계가 인정받기 쉽고, 금융기관 거래 시 개인사업자보다는 유리하게 대우받을 수 있을 것 같다는 막연한 생각 때문이었다. 이제 8기 결산을 앞둔 시점에서 판단해보건대 법인으로 사업을 시작한 것은 아주 잘한 일이라고 생각한다.

나는 아직 법인세를 한 번도 내보지 못했다. 창업 후 초기 4년 동안 연속으로 결손이 발생하여 누적손실금액을 아직 보전하지 못했기 때문이다. 법인세는 당기이익에서 직전 5년 동안의 미처분 손실을 차감하고 과표를 계상하게 되어 있는데, 5기 이후의 이익이 아직 결손금을 보전하지 못했기 때문이다.

이러한 세무적 이익이 개인사업자로 운영했을 때와 얼마만큼의 차이가 있는지 계산해보지는 않았지만, 세무법인에 위탁하여 처리한 법인 회계방식이 개인사업자의 약식회계보다는 과거 회계기간의 결손금액을 투명하게 적용받았을 것으로 생각한다. 사업 개시 후 첫해부터 확실히 흑자가 발생하는 경우라면 개인사업자가 유리할 수도 있겠지만, 상당한 자신을 가지고 시작하는 사업도 벤처의 경우에는 성공확률이 3% 이하이며, 우리나라 법인 기업의 평균수명이 4년 내외라는 사실을 참고하면 그리 쉬운 일이 아니다.

내가 설립한 법인의 최근 회계연도 매출액은 부가가치세 면세사업인 보험부문에서만 발생한다. 세무법인은 회사의 총 매출액과 부가가치세 면세사업 매출액이 같은 금액이므로 별도의 부가가치세 1년 합계보고서를 세무서에 제출하지 않았다고 한다. 나는 이런 보고서가 있는지도 모르고 있었는데, 세무서는 이에 7기 매출액 전액에 대하여 부가세 1%(벌금 성격)를 과세했다. 이 경우 사업자가 전문가인 세무법인에게 위탁하였고 세무규정의 보고를 세무법인이 누락한 것이기 때문에 이로 인한 책임을 물을 수 있다.

이렇게 세무법인의 실수로 부당한 과세를 당하는 사업자가 생각보다 상당하다. 따라서 세무법인만 믿어서는 안 된다. 세법 공부를 통해 부당하게 새는 돈이 없도록 점검해야 한다.

현명한 창업자금 운용법

　은퇴 후 창업을 결심하면서 업종을 선정하는 일은 여간 어려운 게 아니다. 어떤 업종을 선택하느냐에 따라 은퇴 이후 짧게는 3년, 길게는 10년, 20년의 삶이 결정되기 때문이다. 그러나 좋은 업종을 찾기 위해서는 선결해야 할 게 있다. 바로 창업자금이다. 업종에 따라 달라지겠지만 전체 자산과 노후생활을 고려해서 창업자금을 먼저 결정하고, 가능한 범위 내에서 업종을 찾는 것이 안전하다. 현재 재무 여건을 점검해 사업에 실패하더라도 비교적 안전하게 노후생활을 할 수 있도록 창업자금을 마련해야 한다.

　또한 창업자금은 총 투자비용의 70%가 자기 자본이어야 한다. 이는 당장 그 돈이 없어도 생활하는 데 지장이 없고 이자가 발생되지 않는 자금을 의미한다. 즉 대출을 하지 않은 순수 여유 자금을 말한다.

　창업에 필요한 자금은 여유 있을수록 좋다. 하지만 투자액이 높을수록 수익성은 증가하지만 그만큼 위험 부담이 커진다는 사실을 알아야 한다. 또한 소자본으로도 창업에 성공할 수 있으므로 무리하게 자금을 운용할 필요가 없다.

창업을 위한 자금의 운용은 대단히 중요한 부분이다. 다음의 주의사항을 반드시 숙지하고 있어야 할 것이다.

1. 초기자금은 최소로 하는 것이 좋다. 사전개업 준비자금, 고정자금, 운전자금 등으로 구분하여 예산을 집행해야 하며 총 자금의 20% 정도는 반드시 비상금으로 남겨두어야 한다.

2. 타인의 자금을 차입하여 사업을 할 경우에도 차입금의 비율이 총 투자 대비 30% 이내를 유지해야 한다.

3. 경험이 없는 사업 초보자의 경우에는 5,000만 원 이하, 한두 차례의 사업 경험이 있는 창업예비자의 경우에는 1억 원 내에서 사업 아이템을 선정하는 것이 좋다.

4. 통상적으로 총 투자 규모 대비 4부 정도가 월 평균 순이익으로 발생하면 좋은 창업 아이템으로 평가할 수 있다. 예를 들어 5,000만 원을 투자했을 때 월 수익이 200만 원이라면 사업성이 충분하다는 뜻이다(서울일자리플러스센터 자료 참고).

자기 자본이 없을 때는 정부에서 지원하는 창업자금지원 프로그램을 꼼꼼히 살피면 된다. 하지만 개인적으로 그러한 자금은 사용하지 않는 게 좋다고 생각한다. 4050이 조그마한 창업자금 준비도 어렵다면 어떻게든 취업의 길을 찾아야 한다. 아무리 그럴싸한 창업이라도 창업은 근본적으로 벤처적 성격을 가지고 있어서 실패의 위험이 높고 한번 잘못 쓴 정부 자금은 노후 내내 족쇄가 될 수도 있기 때문이다. 그래서 나는 정부 쪽으로는 손을 벌리지 않았는데, 지금도 그것은 잘했다고 생각한다. 또한 공짜로 들어온 듯한 자금은 헤프게 쓰이기 쉬워서 초기의 긴장감을 해치는 사례를 주변에서 자주 보았기 때문이다.

1인 기업의 사무실 임대비용은 월 20만 원 정도면 해결할 수 있다. 이는 유학생보험을 의욕적으로 추진하다 좌절했을 때 필자가 실제로 검토했던 사항이다. 당시 나는 인터넷으로 SOHO(Small Office&Home Office), 1인 사무실, 코쿤피스 등을 알아본 뒤 현장답사까지 해보았지만 생각보다 비용이 비쌌고, 답답한 실내는 일할 공간으로 적절하지 않았다. 궁하면 통하는 법! 그러던 중 좋은 정보를 얻게 되었다. 굳이 단독으로 사용하는 공간을 고집하지 않는다면 적은 비용으로 쾌적한 사무실을 얼마든지 구할 수 있었다. 강남에서도 월 20만 원으로 모든 사무실비용을 해결할 수 있었는데, 당시 많은 창업기업인들이 그곳을 이용하고 있었다.

모바일 기술의 발전으로 공유사무실이나 이동사무실에 의한 기업 활동이 촉진되고 있는 것은 새삼스러운 일이 아니다. 이미 운영되고 있는 견실한 기업도 고정비 중에서 사무실 임차비용을 절약하는 방안을 정기적으로 검토해야 한다고 생각한다.

- http://www.office0u.com
- http://www.shareoffice.co.kr
- http://www.5day.co.kr
  IT산업에 종사하는 젊은 층 창업자들 간의 정보공유사이트— 웹 디자이너 정보마당. 사무실 공유는 물론 협업, 중고집기 교환도 할 수 있다.
- 인터넷쇼핑몰을 창업하고자 한다면 아주 저렴한 독립 창고형 사무실을 검토할 수도 있다. 송파구 장지동의 가든파이브에는 전용면적 7평의 창고형 사무실이 600여 개가 연대해 있는 데 보증금 200만 원에 월임차료가 10만 원이다. 사업자등록은 물론 모든 사무서비스가 가능하다.

마케팅이 전부다

하이브리드마케팅

기업보험 대리점을 시작했지만 운영이 그리 녹록치 않을 때였다. 당시 자동차산업에서 하이브리드(Hybrid) 차량에 대한 논의가 계속되고 있었는데, 개인보험 영업 분야에서도 이러한 하이브리드마케팅 방법이 막 도입되던 시점이었다. 보험설계사들이 다수의 고객과 접촉하는 방법으로 인터넷을 이용했던 것이다.

말처럼 쉬운 일은 아니었지만, 나는 기업보험 영업에 하이브리드마케팅을 도입하기로 했다. 여기서 포착한 하이브리드의 개념은 새로운 고객창출은 물론, 기존의 오프라인 고객창출 활동과 인터넷 카페를 이용한 교육활동을 추가하는 것이었다. 카페를 개설해 기업 보험 전문지식을 교육하고, 그들로 하여금 영업사원이 되도록 하는 방식이었다. 기업보험은 평생을 보험회사 업무직으로 근무한 사람도 모두 소화하기 어려운 지식산업 분야라는 점에 착안한 것이다.

하이브리드(hybrid)는 특정한 목표를 달성하기 위해 두 개 이상의 요소가 합쳐진 것으로, 하이브리드마케팅은 비용을 절감하는 동시에 비교 우위를 확보하려는 마케팅 기법을 뜻한다. 국내에서는 SK그룹이 주유소와 이동통신 등의 사용실적을 종합 관리하면서 포인트 제도를 운영하고 있는데, 이것이 하이브리드 마케팅의 대표적인 예라고 할 수 있다.

내가 생각해낸 기업보험의 하이브리드마케팅 방법은 기업보험 대리점 전문학교 온라인 사이트를 이용하는 것이다. 즉 인터넷으로 보험 영업사원과는 카페에 접속하여 정보를 주고받고, 실제 영업은 전문가의 오프라인 협조를 받아 완성하는 것이다. 생명보험과 자동차보험, 실손보장 질병보험 등 개인보험 분야에서는 잠재 고객과 영업사원이 처음엔 인터넷으로 접촉하고, 계약 당시에는 오프라인으로 직접 면담하여 보험에 가입하는 방법으로 이미 활성화되어 있다. 이 경우에 고객은 연고 계약 시에 느낄 수 있는 불만족에서 완전히 해방되므로 개인보험 가입방식으로 많은 사람들이 이용하고 있다.

기업보험은 업무를 담당하는 실무자부터 결재라인의 임원 또는 사장까지 여러 명을 설득하고 만족시켜야 영업이 마무리된다. 이 점이 바로 기업보험의 하이브리드마케팅 방식과 개인보험이 차별화되는 지점이다. 기업보험대리점 전문학교의 하이브리드마케팅은 ① 대리점에 기업보험에 관한 전문지식 및 상품선별 지식 제공, ② 고객 상담 시 손해보험, 생명보험회사의 본사 직원을 직접 파견하여 대리점에 On Job Training 기회 제공, ③ 신상품 또는 갱신계약 영업정보의 결재라인에 필요한 임원 또는 사장에 대한 인맥지원 등 2가지 이상을 엮어내는 것이 그 본질이다.

하이브리드마케팅의 본질은 하이브리드의 속성이 그렇듯 서로 다른 마케팅 수단을 유기적으로 결합시켜 시너지 효과를 얻어내는 기법이다. 쉽게 얘기하면 자동차의 하이브리드는 석유와 전기라는 서로 어울리지 않는 이질적인 것이 결합하여 새로운 형태의 자동차를 탄생시켰다. 하이브리드마케팅은 이것을 극대화하고 겉으로 드러내는 것이다. 그 안에는 유기적 결합에 따른 상호이익이라는 것이 기본 베이스로 깔려 있어 마케팅 접목이 그리 어렵지 않다.

Tip **필자의 기업보험 하이브리드 마케팅 홈페이지 주소**
http://www.gnbinsu.com

마케팅에 왕도는 없다

우리나라는 기업에 종사하는 사람들의 교육수준이 비교적 높은 편이다. 때문에 그들과 비즈니스를 하려면 공부를 많이 해야 한다. 여기서 말하는 공부란 취급상품에 대한 전문지식은 기본이고, 새로운 정보와 지식이 담긴 책을 많이 읽는 것이다. 그리하여 기업의 담당자와 지적으로 대등한 위치에서 대화할 수 있어야 한다. 이는 한 번 성립된 거래관계를 지속적으로 유지하기 위한 선택이 아닌 필수 사항이다.

고객이 부담감을 느끼지 않으면서 줄 수 있는 선물이 있다면 영업자에게 큰 무기다. 내 고객이 관심을 둘 만한 분야의 책을 골라 선물한다면 어떨까? 영업과 선물, 이 어려운 숙제를 쉽게 풀어가면서 나의 이미지도 높일 수 있는 좋은 수단이라 생각한다.

나는 지하철 입구에서 무료로 나눠주는 무가지인 메트로를 정성 들여 읽는 편이다. 메트로는 광고수입으로 신문발행 및 배급비용을 모두 충당하고도 이익을 창출해내는 세계적인 신문체인이다. 요즘 은 지하철에 이와 유사한 무가지들이 많다. 그 많은 무가지들이 아직까지 발간될 수 있는 이유는 광고하는 고객들이 그만큼의 광고효과가 있다고 판단하기 때문이다.

광고란 기본적으로 생산자가 고객이나 소비자에게 효과적으로 전달하고자 하는 정보다. 현대인은 남녀노소를 불문하고, 기업인이든 아니든, 종사하는 일에 상관없이 모두가 정보 수요자이다. 광고는 이와 같이 정보의 생산자와 소비자가 직접 만나는 수단이다.

정보화시대에 살면서 의미 있는 정보를 직접 취득하려면 광고를 주목해야 한다. 요즘은 주부들조차도 경제신문 하나씩은 구독한다. 참신한 경제정보를 직접 구하려는 것이다. 대학에서는 경제신문만 평생 보아도 재테크수단이 된다고 가르치기도 한다. 그러나 종합일간지도 경제신문도 무가지인 메트로만큼 시장의 소비트렌드를 잘 읽어내지는 못한디.

메트로신문은 최첨단의 상업광고지다. 언론으로서의 사명이나 균형감각, 사설 등이 필요 없는 무료 광고지와 전혀 다르지 않다. 그러면서도 오늘날 독자가 가장 선호할 말한 뉴스와 정보만을 상업적으로 잘 골라내어 광고주와 독자를 만나게 하는 기능을 수행하고 있다.

내 주장에 이의를 다는 독자들도 있겠지만, 결론적으로 내가 하고 싶은 말은 세상사 트렌드와 정보에 눈을 뜨고 지내자는 것이다. 비즈니스든 친목이든, 나이에 상관없이 대화를 하기 위해서는 현재 소비되는 정보에 대해 알아야 한다. 그 정보는 대체로 광고 속에 숨어 있는 경우가 많기 때문이다.

저비용 마케팅을 도와주는 IT기술

실로 살기 좋은 세상이 되었다. 인터넷을 활용해 정보제공 사업을 하느라 고생했던 과거 경험이 이젠 큰 도움이 되고 있다. 기업보험대리점을 시작할 무렵 나는 외부용역을 이용해 홈페이지 2개를 만들었다.

그런데 지금은 홈페이지 제작이나 운영에 일체의 비용을 들이지 않고도 최신자료를 이용하여 직접 홈페이지를 운영할 수 있다. 기존의 홈페이지를 포털사이트의 카페로 변형시켰기 때문이다. 홈페이지의 모든 자료를 이 카페(www.gnbinsu.com)로 옮기는 데 그 어떤 기술도 돈도 필요하지 않았다. 도메인 등록을 유지하는 비용으로 1년에 28,500원이 발생할 뿐이다. 자료보관도 쉽고 용량도 충분하고, 무엇보다 누구나 쉽게 이용할 수 있다.

블로그는 9년 동안의 내 삶의 궤적이며, 일기장이며, 이 책을 쓸 수 있는 원천 자료집이다.

창업을 하면서 가장 어려운 것 중의 하나는 마케팅이다. 일단 마케팅이란 개념부터 낯설고 외부에 의뢰를 할 경우 그 비용이 만만 찾기 때문이다. 그렇다고 직접 발로 뛰며 홍보하는 과거의 방식으로는 노력에 비해 효과를 기대하기 어렵다.

하지만 요즘은 IT시대다. 최첨단 기술이 범람하는 시대다. 그런데 많은 4050 창업자들은 IT기술을 이용하는 데 많은 제약이 있다. 스스로 손대지 않기 때문이다. 최첨단 IT기술을 이용하여 온라인 마케팅을 진행한다면 비용을 대폭 줄일 수 있다.

나의 경우 지금으로부터 9년 전에 창업을 준비하면서 정부에서 주관하는 실버용 컴퓨터교육을 20일간 받은 것이 전부다. 사실 그때 배운 테크닉은 한 줄도 기억하지 못한다. 하지만 포토샵이나 홈페이지 제작과 같은 고급 기술을 실제로 다루지는 못하더라도 최소한 활용할 수 있는 감각은 익혔다. 사실 블로그 관리나 온라인상의 홍보 방법에 필요한 기술은 누구나 쉽게 익힐 수 있다. 자기만의 창업 블로그를 만드는 것에서부터 마케팅을 시작해보는 건 어떨까.

온라인 쇼핑몰 창업하기

인터넷을 기반으로 하는 창업시장의 범위가 어느 때보다 광범위하다. 그중에서 가장 각광받는 업종이 바로 온라인 쇼핑몰인데, 주로 소자본을 이용한 젊은 여성들의 패션 관련 업종이 주를 이룬다. 하지만 최근에는 40~50대 남성 창업자들이 늘고 있다. 그 가운데 이른바 1955~1963년 사이에 태어난 베이비붐 세대의 창업이 두드러진다. 실제로 올해 2/4분기 4050세대 남성 창업자 6,388명 중 베이비붐 세대인 47~56세의 비중이 27.3%를 차지했다. 동시에 온라인 쇼핑몰을 창업하는 사람들 중 처음으로 남성의 비율이 여성보다 높게 나타났다. 올해 2/4 분기 40대 남성 창업자는 2,630명으로 지난해 같은 기간보다 무려 63.6% 늘었으며, 50대 남성 창업자도 1,098명으로 46.2% 증가했다.

아무래도 전 세계를 강타한 경기불황과 일본의 원전 파괴, 지진 등으로 기업들이 구조조정을 본격화하면서 그 직격탄을 맞은 4050세대 가장들이 소자본으로 지속적인 경제활동이 가능한 온라인 쇼핑몰 창업을 선택했기 때문으로 보인다. 창업 아이템도 패션의류나

잡화에 집중된 2030세대와 달리 유아동복, 생활가전 및 가구, 패션 의류 및 패션잡화, 식품 등 다양했다.

4050세대는 온라인 쇼핑몰 창업에 유리한 장점을 갖고 있다. 직장생활을 통해 쌓은 풍부한 경험과 노하우 등을 온라인 쇼핑몰에 접목시키기 용이할 뿐 아니라 해당 업종에 대한 이해가 뛰어나기 때문에 상품구매, 관리, 고객 응대 등에서 2030세대를 훨씬 앞서간다는 것이다.

아래는 인터넷 쇼핑몰 창업 시 주의할 점들이다.

1. 아이템 선정

경쟁이 치열하지 않아 검색포털에서 노출이 용이한 아이템을 찾는 것도 중요하지만 무엇보다 고객의 니즈(needs)를 알아야 한다. 창업 전 반드시 인터넷을 통해 관련 키워드의 조회 수, 판매수량, 포털사이트의 관련 질문 등을 분석하고 아이템에 대한 고객의 성향을 시즌별, 월별, 이벤트별로 살펴보면서 인터넷 고객의 수요를 정확하게 파악해야 한다.

2. 쇼핑몰 제작방식과 제작업체 선정

요즘 대부분의 중소형 전문 쇼핑몰은 구축 소요시간과 비용절감, 구축 후 유지보수의 효율성 및 경제성을 감안해 쇼핑몰 솔루션을 사용한다. 이는 쇼핑몰 구축과 운영에 필요한 각종 기능(상품관리, 상점관리, 고객관리, 주문관리, 배송관리, 디자인 관리 등)이 들어 있는 일종의 종합 프로그램이다. 쇼핑몰 솔루션은 구입해서 사용하는 독립형과 빌려서 사용하는 임대형의 두 종류가 있다. 독립형과 임대형은 각각 장단점이 있다. 솔루션을 선택하기 전에는 본인이 직접 각 솔루션 회사의 사이트에 접속해 쇼핑몰 관리자와 사용자 데모 버전을 반드시 경험해봐야 한다.

3. 쇼핑몰 제작업체 선정

쇼핑몰을 제작하기 전 많은 사람들이 '나는 제작기술과 디자인 쪽은 문외한이니 전문가에게 맡기면 잘해주겠지'라고 생각하기 쉬운데, 경험 많고 실력 있는 디자이너라 해도 내가 생각했던 그대로 디자인해주는 것은 아니다. 완성도 높은 쇼핑몰 제작을 위해서는 내가 원하는 바를 디자이너에게 명확하고 구체적으로 전달하면서 디자이너와의 피드백이 활발해야 한다.

4. 품질관리 유지

홈쇼핑과 인터넷쇼핑몰에서 판매하는 물건의 품질이 좋지 않다는 인식은 여전히 존재한다. 상품을 눈으로 직접 보거나 만져본 후 구매하는 것이 아니기 때문에 더욱 그렇다. 소위 대박을 친 쇼핑몰의 공통점은 물건의 품질이 매우 우수하다는 것이다. 따라서 늘 품질관리에 신경을 써야 한다.

5. 입소문을 내라

인터넷 쇼핑몰뿐 아니라 어떤 기업체든 성공하기 위해서는 자신의 제품을 많이 알려야 한다. 즉, 광고를 해야 한다. 요즘은 예전처럼 TV, 신문 등의 언론광고 외에 인터넷이라는 엄청나게 큰 광고시장이 있다. 그중에서도 인터넷 게시판 등을 이용한 입소문은 어떤 홍보효과보다 뛰어나다. 소자본으로 시작한 인터넷 쇼핑몰이 하루 아침에 대박을 칠 수 있는 것도 바로 입소문 때문이다. 요즘은 트위터와 페이스북 같은 소셜네트워크가 활발하기 때문에 그 힘이 더욱 막강해졌다.

단, 입소문의 기본은 적정 가격과 품질, 결제의 투명성 등 고객서비스 전반에 걸쳐 문제가 없어야 한다는 점을 잊지 말자.

에필로그

이 책에서 주장하는 내용에 많은 부분 공감하지만 따라 하기에 주저되고, 특히 '천천히 가라'는 말이 조금 걸리더라도 전환기 휴식은 도약을 위한 에너지 축적시기라 생각하고 여유를 가져야 한다.

기업에 근무하다 중도에 퇴직하는 경우도 그렇지만, 계급정년으로 일찍 퇴역하는 군인, 은행원, 교육공무원이 혼탁한 사회에서의 제2기 직업 설계에 많은 어려움을 겪고 있다. 또한 퇴직금을 유혹하는 손길도 많다. 의사결정을 미루고 무조건 시간만 끌어도 유혹에서 벗어날 수 있다. 이래저래 여유를 가지는 시간이 보약이다. 앞으로 살아갈 날에 산더미처럼 닥쳐올 자금수요를 생각할 때 느끼는 스트레스나, 아내의 따가운 시선이 주는 압박감은 이 보약의 가치에 비하면 조족지혈이다.

퇴사 후 모든 것이 막연했던 나는 훌쩍 유럽여행을 떠났다. 비행기 티켓만 끊고 출발해 38일 동안 프랑스 파리 등을 여행했다. 유럽의 상당수 도시인들은 주말이면 교외로 떠나 도심은 말 그대로 유령도시처럼 텅 비어 있었다. 당시만 해도 우리나라에 주 5일 문화가 정착되지 않았을 때였다. 그 시간은 내게 단순한 배낭여행 이상의 의미를 주었다. 파리에서의 첫 문화 충격은 귀국 후 '주 5일넷'이라는 여가정보업체를 창업하는 계기가 되었다.

좋은 기회를 잡아 2004년 일간스포츠에 '주 5일제 행동지침 10계명'을 발표한 이후, 우리 회사는 한순간에 여가정보 전문업체로 자리매김했다. 나는 여가전문가로 평가받았고 외부로부터 강의의뢰가 쏟아졌다. 탄력을 받아 『주말을 잘 공략해야 인생이 성공한다』는 소책자도 발간했다. 하지만 성과와 경영실적은 별개였다. 내부의 여러 가지 문제로 인해 회사가 흔들리기 시작할 무렵, 시너지 효과를 기대하고 복지회사에 손을 댔지만 물거품이 되어버렸다.

그 무렵 나는 가족 모두가 아프리카에서 12년째 생활하고 있는 막내 여동생이 생각났다. 2010년에는 남아프리카공화국에서 월드컵도 열리고 하니 여행 겸 3개월 정도 머물다 오면 무언가 새로운 일을 벌일 수 있을 것만 같았다.

아프리카에서 돌아온 나를 위해 절친한 친구 몇 명이 '김봉중 생환기념 환영회'를 열어주었다. 그때 한 친구가 '이제 뭘 할 거야?'라며 나의 앞날을 걱정했다. 대학졸업 후 첫 직장으로 손해보험회사에 1년쯤 근무한 경험이 있는 그 친구는 보험에 대해 매우 호의적이었다.

"야! 평생 해온 게 보험인데 그거 해. 보험영업은 자본도 필요 없고, 너는 이미 전문가에다 손해사정인 자격도 있으니 남들보다 훨씬 쉬울 거 아니야. 네가 한다면 나도 고객을 찾아봐 줄게!"

우여곡절 끝에 제자리로 돌아온 기분이었다. 당시 그 친구의 말은 고마운 한편 충격이기도 했다. 그동안 엉뚱한 길에서 나와 가족을 혹사시킨 건 아닐까 생각이 들었기 때문이다.

4050에겐 자녀 사랑 본능이 내 문제보다 더욱 아리게 다가오기도 한다. 더욱이 자녀가 한창 성장하는 시기이며, 감수성이 예민할 나이에 부모가 집에 머무는 시간이 길거나 직업 없이 쉬는 기간이 많은 걸 보여주게 되는 것은 내 스스로가 견디기 쉽지 않다. 그래도 천천히 가야 한다. 대신 신중하게 건실하게 미래를 준비하는 것을 보여주면 된다. 직접 가르침으로 아이들을 대하려 하지 말고 평소 나의 교육관이 담긴 책 등을 생일 선물로 주면 어떨까? 4050세대들의 건투를 빈다.

마지막으로 지면으로나마 재능교육 양병무 사장님께 감사드린다. 9년 전 직장을 나와서 쉬고 있을 때, 당시 인간개발연구원장으로 재직하시던 양병무 원장님께서 앞으로 내가 새롭게 헤쳐 나갈 제2의 과정을 기록으로 남기다 보면 언젠가는 후배들에게 도움을 줄 수 있을 것이라고 조언해 주셨다. 양 원장님은 KDI(한국개발연구원)에 계실 때부터 책을 많이 내셨는데 특히 『감자탕 교회이야기』, 『주식회사 장성군』 등은 현장에서 교훈적인 리더십을 발휘하시는 분들의 삶을 감동적으로 전달하여 사회에 큰 반향을 일으켜 주신 분이다.

퇴직하는 직원들에게 내 책을 한 권씩 들려 보내면 어떨까? 존경하던 분이 떠나는데 달리 이별의 아쉬움을 표현할 방법이 없을 때 이 책이 여유를 가지고 전환기를 맞으라는 희망을 전달하는 수단이

될 수 있을까? 떠나는 이의 가방에 이 책 한 권이 슬며시 끼어들어

갈 수 있기를 기대해본다.

마흔에 멈춰 서서
다시 생각해야 할 것

초판 1쇄 펴낸 날 | 2013년 9월 10일

지은이 | 김봉중
펴낸이 | 이금석
기획 · 편집 | 박수진
디자인 | 김현진
마케팅 | 곽순식, 김선곤
물류지원 | 현란
펴낸곳 | 도서출판 무한
등록일 | 1993년 4월 2일
등록번호 | 제3-468호
주소 | 서울 마포구 서교동 469-19
전화 | 02)322-6144
팩스 | 02)325-6143
홈페이지 | www.muhan-book.co.kr
e-mail | muhanbook7@naver.com

가격 13,000원
ISBN 978-89-5601-321-3 (13320)

잘못된 책은 교환해 드립니다.